本书研究由浙江省师范教育创新工程

"融合性幼儿师资培养"资助

# 融合教育的浙江模式

朱小烽　周世厚
陈为玮　著

## 新理论与新实践

The Zhejiang Model of
Integrated Education:

*New Theory and New Practice*

ZHEJIANG UNIVERSITY PRESS
浙江大学出版社
·杭州·

**图书在版编目(CIP)数据**

　融合教育的浙江模式：新理论与新实践 / 朱小烽，
周世厚，陈为玮著. —杭州：浙江大学出版社，
2022.12
　ISBN 978-7-308-23375-0

　Ⅰ.①融… Ⅱ.①朱…②周…③陈… Ⅲ.①地方教
育－教育模式－研究－浙江 Ⅳ.①G527.55

中国版本图书馆CIP数据核字(2022)第239361号

**融合教育的浙江模式:新理论与新实践**

朱小烽　　周世厚　陈为玮　著

| | | |
|---|---|---|
| **策划编辑** | 吴伟伟 | |
| **责任编辑** | 蔡圆圆 | |
| **责任校对** | 许艺涛 | |
| **封面设计** | 雷建军 | |
| **出版发行** | 浙江大学出版社 | |
| | (杭州市天目山路148号　邮政编码310007) | |
| | (网址:http://www.zjupress.com) | |
| **排　　版** | 浙江大千时代文化传媒有限公司 | |
| **印　　刷** | 广东虎彩云印刷有限公司绍兴分公司 | |
| **开　　本** | 710mm×1000mm　1/16 | |
| **印　　张** | 11.75 | |
| **字　　数** | 162千 | |
| **版 印 次** | 2022年12月第1版　2022年12月第1次印刷 | |
| **书　　号** | ISBN 978-7-308-23375-0 | |
| **定　　价** | 68.00元 | |

PREFACE　序

　　近年来,浙江省连续实施了两期特殊教育提升计划,推动全省特殊教育事业取得了长足发展。截至 2022 年,实现了常住人口 30 万以上的县(市、区)特殊教育学校全覆盖;建成了 2500 多个资源教室、150 余个卫星班,全省残疾儿童少年义务教育入学率达 99% 以上,基本实现十五年免费特殊教育的普及化,有效保障了持证残疾儿童青少年"有学上"。

　　进入新时代以来,我国特殊教育迎来前所未有的发展机遇,无论是社会和人民对特殊教育的新期待,还是党和国家对特殊教育的新要求,都在不断推动特殊教育事业发展呈现新的变化,这些变化对浙江"十四五"特殊教育发展提出了新要求。2022 年 8 月 28 日,浙江省人民政府办公厅印发《浙江省"十四五"特殊教育发展提升行动计划》(简称《行动计划》)。首先,特殊教育的高质量发展回应了浙江"两个先行"的战略目标。《行动计划》强调,特殊教育是保障和改善民生、高质量发展建设共同富裕示范区的重要内容,应当更好地服务地方教育的优质均衡发展,在推进以人为核心的现代化、实现全体人民全面发展和社会全面进步的伟大变革中积极发挥作用。二是突显了浙江特色的帮扶机制。《行动计划》不仅对浙江省山区 26 县,同时也对新疆阿克苏地区实施特殊教育帮扶计划,努力打造教育领域"山海协作"的新典范。三是充分结合了浙江数字化改革的成果。通过深化特殊教育数字化改革,推进特殊教育智慧校园和智慧课堂建设,推动残疾儿童少年相关数据互通共享,提升浙江省个别化教育信息管理系统功能,为残疾学生成长制订个性化教育方案。

　　融合教育是实现教育公平的必由之路,也是浙江特殊教育今后内涵提升、优质发展的重中之重。《残疾人教育条例》明确要求，残疾儿童少年入学安置"采取普通教育方式或者特殊教育方式，优先采取普通教育方式"，"依照《中华人民共和国义务教育法》的规定就近到普通学校入学接受义务教育"，"在普通学校随班就读残疾学生的义务教育，可以适用普通义务教育的课程设置方案、课程标准和教材，但是对其学习要求可以有适度弹性"。实施融合教育，是国家法律明文提出的要求。从浙江和全国近年来推进融合教育的实践来看，融合教育对特殊儿童平等接受优质公平教育发挥着无可替代的重大作用。基于浙江多年实践，今后一个时期，优先推进高质量融合教育，全力做好教育安置前的评估、就近就便入学、弹性课程、适宜性教育等，必将成为新时代浙江特殊教育的重要特征。

嘉兴学院自 2016 年以来，在学前教育和小学教育专业人才培养中开展融合教育特色模块的尝试。2017 年在浙江省师范教育创新工程的资助下，"融合性幼儿师资培养"项目获得立项，在项目研究的整体框架下，学院重构了人才培养方案，开设了一批具有国内先进理念的融合教育特色课程，如"特需儿童学习与发展""融合教育""孤独症儿童融合教育与康复训练""学前儿童体适能评定理论与实操"等，这些课程体系弥补了国内融合教育人才培养中的核心要素，融合教育授课团队将这些课程拍摄了在线课程，并同步在智慧树、中国大学 MOOC、超星尔雅、浙江省高等学校在线开放课程共享平台同步上线。经过 3 年的建设，融合教育团队目前获得省一流课程（五类金课）立项 9 门，主编并在科学出版社、南京师范大学出版社出版系列教材 6 本。此外，嘉兴学院还依托智慧树平台开展了慕课西行活动，与新疆喀什大学同上一堂课，与系部高校共同分享一流课程的建设成效。

随着融合教育的全面推进，医教结合逐渐成为该领域研究的热点和难点。为了尽快突破难点，探寻适合本区域的医教结合工作模式，浙江组织开展了全省特殊教育医教结合工作研讨会，学习先进地区医教结合工作经验，进一步明晰医教结合工作发展路径。本团队也是在此基础上，构建了跨学科的研究团队，团队成员来自临床医学、比较教育学、体育学、心理学等专业，多学科交叉融合，试图用更全面的视角来分析和开展综合干预研究。本书是

"医教协同：融合教育的新理论与新实践"丛书之一，分为 6 章，其中第一章由学院学前教育系主任周世厚教授撰写，第六章由陈为玮副教授撰写，其余内容由本人完成。

"十四五"期间，随着《行动计划》在浙江省的全面展开，我们相信融合教育在浙江的"先行先试"必然会成为"先行示范"。愿我们能用实际行动来关注这些特殊孩子，用教育来传递爱，用爱来点燃随班就读学生的希望之火，用火来温暖这些特殊孩子的心灵。

2022 年 2 月

CONTENTS **目 录**

# 第一章 从隔离到融合：
# 融合教育的理念体系与演进过程

融合教育,既是一种教育理念,也是教育实践模式。作为教育理念,融合教育主张普通儿童与特需儿童融合在同样的空间内,共同接受教育,主张每个人都是与众不同的,重视通过平等的教育促进社会的平等,倡导教育的多元化、个性化、人性化。作为教育实践模式,融合教育经历了对特需儿童的隔离教育到部分融合再到全面融合的发展过程。融合教育的理念与实践虽然从特殊教育领域孕育和产生,但当前其内涵、理念与价值已经突破特殊教育,成为整个教育改革与发展的指导理念。在政策领域,《中国教育现代化2035》就把"全面推进融合教育"作为未来教育发展的重要方向之一。在学界,融合教育的价值也得到广泛认同。"融合教育的意义在于它不仅仅让残疾人受益,推动残疾人教育改革,更推动整个教育和社会的改革。融合教育是直抵人心的教育,是尊重人、发展人的教育,真正涉及教育本质的教育。融合教育可以为教育综合改革提供动力,让教育回归本义,更好地适应每个学生不同的学习需要。"①

## 一、融合教育的概念体系

### (一)融合教育的内涵

与融合教育相对应的英文概念是 inclusive education,在此前被翻译为

---

① 相关概念摘自邓猛教授在第三届全国融合教育会议上的综述《变革与支持:行动中的融合教育》。

"全纳教育"，目前学界越来倾向于将其译为"融合教育"。

　　"inclusive education"被正式提出于《萨拉曼卡宣言》和《特殊教育行动纲领》。从20世纪60年代开始，受到社会民主、平等等思潮的影响，国际社会越来越重视教育公平问题，残障群体的权益日益受到关注。经历多年的发展和积淀，出现了很多相关概念、观点，例如"正常化教育""一体化教育""回归主流教育"等。1994年，联合国教科文组织（UNESCO）在西班牙召开"世界特殊需要教育大会"。这是一次由92个国家政府、25个国际组织和一些非政府组织参与的会议。这次大会对特殊教育发展的历程、理念、经验进行了总结，通过了《萨拉曼卡宣言》①和《特殊教育行动纲领》，正式提出"inclusive education"这一概念。在《萨拉曼卡宣言》和《特殊教育行动纲领》中，对"inclusive education"做出了描述性的阐释。其内涵主要涉及："每个儿童都有独一无二的个人特点、兴趣、能力和学习需要"；普通学校"应接纳所有的学生，而不应考虑其身体、智力、社会、情感、语言及其他状况"；"必须认识到和照顾到学生之间的不同需要，顺应不同的学习类型和学习速度，通过适当的课程、组织安排、教学策略、资源利用及社区合作，提升全体学生的教育质量"；"残疾儿童和天才儿童，流浪儿与童工，边远地区及游牧民族的儿童，少数民族儿童及其他处境不利的儿童"都应该在同一空间接受教育，不能将这些特殊儿童隔离。此后，由于联合国教科文组织等国际组织的宣传和推广，加之各国社会、教育改革与发展的内在需求，"inclusive education"被引入越来越多国家的教育政策和学校教育实践中。

　　对于1994年联合国教科文组织提出的"inclusive education"，学界对其进行了更为系统的探究，其内涵也在不断丰富。根据美国学者萨伦德（Salend）整理的学界关于"inclusive education"的阐释和界定，可以发现其内涵主要涉及如下方面。

---

① 1994年6月7日至10日，联合国教科文组织在西班牙王国萨拉曼卡市召开了"世界特殊教育大会"，颁布了《萨拉曼卡宣言》，明确提出了"全纳教育"（inclusive education）的思想。

（1）认可每个个体的价值与发展潜能，尊重差异。例如，"所有学生都是具备学习能力，并能够对社会作出贡献的、有价值的个体"。"教给所有学生欣赏与珍视人与人之间的差异以及共同性的价值观念。"

（2）每个个体都有参与教育活动的平等权利。例如，"所有学生，无论种族、语言能力、经济状况、性别、年龄、学习能力、学习方式、族群、文化背景、宗教、家庭背景以及性格倾向有何不同，都应该在主流的教育体系中接受教育"。"所有学生都有权接受平等的、高质量的服务，从而使他们能够在学校与人生道路上获得成功。"

（3）每个个体都应该接受与其个性化需求相契合的个性化教育。例如，"所有学生都有权获得适合其个别特点的诊断服务、课程准入、教学策略、辅助技术设施、环境的调整，以及其他相关服务"。"所有学生接受与他们的能力与需要相一致的、挑战性的教育。""所有学生都能够有机会获得不同水平、层次的课程。"

（4）不同学生应该共同生活与学习，反对拒斥与隔离。例如，"所有学生有机会共同学习、共同娱乐，共同参与校外活动和社区内的教育、社交，以及娱乐休闲活动"。"学生需要的所有的教育、服务、支持都在普通教室环境内提供。""所有学生，无论种族、语言能力、经济状况、性别、年龄、学习能力、学习方式、族群、文化背景、宗教、家庭背景以及性格倾向有何不同，都应该在主流的教育体系中接受教育。"

（5）包容性、多样化的观念、政策与资源环境。例如，"所有学校都应该将家庭以及社区的相关人员纳入学校的教育活动、过程之内"。"所有的专家、家长、同伴，以及社区机构共同合作，分享资源、技能、观点，并进行相关的社会倡议行动。""所有的校区必须提供足够的支持、培训和资源，重组学校结构以应对所有学生、家长以及教育者的多样化的需要。"

在我国学界，很长时间内都将"inclusive education"翻译为"全纳教育"，近 10 年中才更多将其译为"融合教育"。有些学者认为"全纳教育"与"融合教育"二者仅仅是表述不同，并无内涵差别，但当前学界更倾向于使用"融合教育"这一概念。而且，我国 2017 年修订的《残疾人教育条例》中，开始在政策层面上将"全纳教育"称为"融合教育",认为融合教育是"将残疾学生的教育最大程度地融入普通教育中"。从"全纳教育"到"融合教育",不仅仅是指称的改变,更体现了"inclusive education"在我国教育研究与实践领域的发展、演变。我国一些学者认为,融合教育概念的核心主要包括:特殊儿童不应在隔离的特殊环境,而应在普通学校与正常学生一起学习;因为班级中同时有普通和特殊学生,教师应通过特别调整和对环境、教材、教学方法等的设计,来适应不同特点学生的学习。例如,有学者认为"融合教育的内涵就是不要把残疾儿童孤立在专门的学校、教室、社区环境之内,而是让残疾儿童走向主流环境,和正常同伴一起平等地接受教育、获得最大程度的发展"。可见,当前我国学界对融合教育的理解,更侧重于"特需儿童"(尤其是残障儿童)与普通儿童的融合。这也反映了我国融合教育发展的实践形态和核心议题,即普通儿童与特需儿童的融合。这与《中国教育现代化 2035》中"办好特殊教育,推进适龄残疾儿童少年教育全覆盖,全面推进融合教育,促进医教结合"中"融合教育"的使用语境与含义是一致的;与 2017 年修订的《残疾人教育条例》中"积极推进融合教育,根据残疾人的残疾类别和接受能力,采取普通教育方式或者特殊教育方式,优先采取普通教育方式"的使用语境也是一致的。

与此同时,融合教育也越来越超越普通儿童与特需儿童的融合,而指向于一种更为多元化、个性化、高品质的教育。例如,邓猛教授认为,融合意味着完全接纳,是基于满足学生多样化需要的理念,在普通学校适合儿童年龄特征的教育环境里教育所有的儿童。理想的融合教育指"让所有儿童就读于适合其年龄层次及学习特点的普通班级或学校,并通过多方的协同合作,为他们提供高质量的、有效的教育,让所有儿童都获得充分发展"。融合教育是在尊重学生差异化的前提下,为每个学生提供优质的、合适的教育。[①]

(二)融合教育及相关概念的关系

同其他学术概念一样,融合教育也并非凭空出现的,而是经历了一个概

---

① 　相关概念来源于邓猛主编《融合教育理论指南》。

念演进的过程,有着很多相关概念。梳理和分析融合教育与其相关概念的关系,能更清晰地了解融合教育的内涵。

1. 融合教育与特殊教育

在人类历史发展中,由于资源条件和社会观念所限,在相当长的时间内人们对具有身心残障的个体是持排斥态度的。残疾人承受着"被恶魔缠身""受到神明惩罚"等污名化,被边缘化甚至遭受迫害,其受教育权乃至基本人权都得不到保障。在欧洲,直到14世纪文艺复兴时期,随着医学的发展和人文主义思潮的出现,人类才重新审视残障问题,逐步将其视为应该去面对的疾病和社会现象,人们对残疾的惧怕和厌恶心理得以减轻,但残疾人依然没有受教育的权利。启蒙运动时期,科学、理性、平等、人道等观念进一步发展,欧洲开始出现一些面向具有视力、听力、智力残疾儿童的特殊教育学校,这是特殊教育的开端。这一时期,人们认识到残疾问题并不是迷信上的恶魔附体,而是由于人的生理、心理缺陷所导致的,通过治理和教育可以在一定程度上进行干预、矫正和弥补,使残疾人更接近正常人。早期的特殊教育学校都是封闭式和隔离式的,把残障儿童与正常儿童分隔开来,对他们进行单独教育和矫治,学校的管理、教学内容、教育方法均与普通学校具有明显不同。直到残障学生被认为"可以回到社会人群"中,他们才能结束隔离状态回归社会。这种特殊教育形式被称为隔离式的特殊教育,虽然赋予了残障儿童受教育的权利,对其成长具有一定的促进作用,但也形成了特殊教育与普通教育的割裂,对残障儿童习得和适应社会生活是不利的。与此前残疾人被污名化、受排斥和迫害相比,隔离式的特殊教育的出现是人类社会发展和教育发展的巨大进步,残障儿童获得了受教育权,让残疾儿童接受教育是为了帮助其重新融入社会,这是后来融合教育得以出现的基础。

随着人类社会资源条件、科学技术的不断改善,以及人们对自身成长规律、社会化过程的研究不断深入,人们越来越发现传统的隔离式特殊教育的弊端。诸如,长期缺少与普通儿童的接触严重影响了特殊儿童的社会化过程,无法获得对儿童成长至关重要的同伴影响,隔离式特殊教育也不利于社会了解和接纳特需儿童等。二战后,世界民主化思潮、人权思想的影响迅速提升，人们开始关注贫困群体、女性群体、少数族裔、残障群体等社会边缘群体的权益问题。残障群体的教育问题由原来的教育、医疗、慈善层面的问题，转化为关涉公平、正义、法律的社会性问题。在这种背景下，欧美出现了"正常化思想""回归主流运动""一体化运动"。这些思潮与运动主张，残疾人应该尽可能和普通人一样拥有良好的教育、生活环境与生活方式，拥有普通人一样的权利；应该甄别和去除对残疾人的偏见和歧视，以更科学、更包容、更规范、更人道的方式进行残疾人的鉴定，鉴定将更多人纳入"正常人"群体；将残疾人安置在隔离式的特殊教育学校中接受教育是不合理的，应该尽可能安排残疾儿童在最少受限制的环境中接受特殊教育，使特殊儿童从隔离环境向主流环境过渡；帮助残疾儿童尽可能多地与正常儿童一同生活和学习，通过同样的教育课程、教学、活动与资源缩减残疾儿童与普通儿童在功能上的差异，鼓励残疾人与非残疾人进行交往以提升其社交能力，帮助残疾儿童接触社会、了解社会和融入社会；加强对特需儿童权利的保障，学校和社区应该向所有儿童提供平等教育的机会，避免对儿童的歧视与排斥。"正常化思想""回归主流运动"的影响是巨大的，为融合教育奠定了理论和实践基础，此后欧美国家的教育理念和实践都出现了显著改变。李拉教授认为，可以将欧美国家的"回归主流运动"与"一体化运动"视为融合教育改革运动兴起的标志，也是融合教育运动的初始阶段。20 世纪 60 年代到 90 年代初期，越来越多的特需儿童进入普通学校之中，隔离式特殊教育转向特需儿童与普通儿童的融合教育，尤其是"部分融合教育"（partial inclusion）。与之相应，学校中的"瀑布式特殊教育服务体系"、个别教育计划、资源教室等融合教育支持保障体系快速形成。

根据邓猛教授等人的观点，融合教育的思想来源于"回归主流"，但二者有本质的区别。回归主流本质上仍然是以特殊儿童应该在普通教室以外的、隔离的环境中受教育为前提，它要求特殊儿童必须达到某种预定的标准（鉴定或评价结果）才能到普通教室就读。特殊儿童教育仍属于主流之外的"支流"，普通教育才是权威和正本，特殊教育只是不断地回归到这个主流中来。融合教育则认为特殊儿童本来就应该属于普通教室，他们有权在普通教室接受高质量的、适合他们自己特点的、平等的教育以及必要的支持与服务，他们无须经过自己的努力去争取、赢得在普通教室接受教育的权利。每一个人都在"主流"中，学校要设法满足儿童的各种不同需要，为他们提供高质量的教育，即学校要适应学生。"回归主流教育"背后仍然依托一个等级森严的安置体系。

　　通过历史梳理可以看出，融合教育与特殊教育具有密切关联。特殊教育为融合教育的出现提供了实践、理念等方面的基础，没有特殊教育，融合教育就没有了根基。融合教育则是对特殊教育的超越，使特殊教育超越了此前由于社会发展水平、社会和教育观念所导致的种种局限，使特殊教育获得更高层次、更有效果的教育形态。就现实情况而言，特殊教育和融合教育都会在很长时间内并存。特殊教育主要面向暂时无法融入普通学校的儿童，为其提供更具有针对性的教育与康复服务；融合教育则面向所有儿童，包括传统意义的普通儿童和具有特殊教育需要的儿童（例如超常儿童、跨文化背景的儿童、具有身心发展障碍的儿童等），通过融合教育生态为其提供更具有针对性的教育。融合教育将引发教育目标、教育组织形态、课程与教学、教育管理与评价等方面的深度变化，特殊教育仍然要为融合教育提供必要的学术研究与专业技术支持。就当前我国国内的具体状况而言，融合教育经常被视为特殊教育的一个新领域和新发展趋势，融合教育的主要探究者是此前的特殊教育领域的探究者，其他领域学者还少有涉及。这既说明融合教育与特殊教育的密切关系，也说明融合教育目前尚未成为一个具有明显边界和独立性的领域。

　　2.融合教育与全纳教育

　　1994 年《萨拉曼卡宣言》正式提出"inclusive education"这一概念。"inclusive"这一单词具有"包括的、包含的"的含义，因此我国学界在 2010 年之前通常将"inclusive education"译为"全纳教育"，至今也有一些研究者使用"全纳教育"这一称谓。就具体时代背景与语言环境而言，"全纳教育"旨在凸显对残障儿童与学生的"接纳"，主张在普通学校中为残障儿童与学生提供接受教育的机会，是对传统特殊教育的一种超越。特殊教育（special education）

在称谓上强调"特殊"，其教育对象、教育目标、教育内容、教育方法、教育资源等方面均与普通教育有明显差别。随着二战后世界民主、平等、平权等思潮的兴起，欧美国家在教育领域中出现了"教育一体化运动"和"回归主流运动"，呼吁在教育与社会领域尽量避免"隔离"和"歧视"，让更多学生都在普通学校中接受教育。在这种背景下，人们理解"inclusive education"时更多赋予其接纳、包容的含义，因而国内一度将其翻译为"全纳教育"。随着越来越多特需儿童进入普通学校，学校的教育组织方式、教育生态都出现了很多新的变化。例如，部分特需儿童可以全日制地在普通学校普通班级中学习与生活，但还有一些特需儿童只能参加普通学校普通班级的一部分学习与活动，他们需要同时到医疗康复机构、资源教室中进行有针对性的康复训练，或者回归普通学校的特殊班级。而且，让特需儿童进入普通学校仅仅是空间与物理层面的接纳，如果学校没有在学校文化、活动组织、课程教学、人际协调、资源支持等方面做出相应调整，特需儿童可能遭受到更为直接、严重的排斥，对其造成巨大的伤害，这与接纳他们进入普通学校的初衷是相悖的。鉴于这些现实的情况，越来越多的研究者认为"融合教育"比"全纳教育"更为合适，开始采用"融合教育"这一概念。

可见，虽然全纳教育与融合教育所对应的英文均为"inclusive education"，二者具有同源性、延承性，也有差别。首先，全纳教育更侧重于对学生（尤其是特需学生）的受教育权的保障，使特需儿童获得普通教育体系的接纳，拥有进入普通学校的机会；融合教育除了保障学生的受教育权之外，还特别关注教育与培养的过程。其次，全纳教育主要是为解决隔离式特殊教育导致的学生隔离问题，更关注对特需儿童的接纳；融合教育主要是针对全纳教育中存在的"纳入而未融入"问题，融合教育同时关注普通儿童与特需儿童，认为个体差异是客观存在的，差异是重要的教育资源，呼吁通过教育教学改革形成一种更有利于每位儿童最优成长的融合教育生态。最后，相较之全纳教育，融合教育更能体现出教育发展的阶段性与过程性，普通儿童与特需儿童的融合教育包括部分融合（partial inclusion）和完全融合（full inclusion），具有多种体系和不同类型，而全纳教育则无法体现出这一点。

### 3.融合教育与随班就读

我国古代的"仁爱"思想使社会形成了"尊老、慈幼、扶弱、助残"的传统。例如《礼记》中提出："故人不独亲其亲，不独子其子；使老有所终，幼有所长，鳏寡孤独残废者皆有所养。"这种人道精神使我国社会对残疾人的态度和接纳比欧洲要好一些。然而，由于我国封建社会时间长，近代教育制度的形成晚，针对残疾儿童的特殊教育学校发展慢，直到鸦片战争之后才出现。

新中国成立后，残疾人的权益得到了更多保障。我国宪法规定：国家和社会应该帮助安抚盲、聋、哑和其他有残疾的公民的劳动、生活和教育。20世纪80年代以前，残疾儿童的教育主要通过特殊教育学校实施，也有少量轻度残疾儿童在普通学校中接受教育。1986年，我国《关于实施〈义务教育法〉若干问题的意见》中规定，"应该把那些虽然有残疾，但不妨碍正常学习的儿童吸收到普通中小学上学"。1987年，国家教委发布的《关于印发〈全日制弱智学校(班)教学计划〉的通知》中提出："在普及初等教育过程中，大多数轻度弱智儿童已经进入当地小学随班就读。"这是国家政策文件中首次提出残障儿童"随班就读"。国家教委在1994年发布的《关于特殊儿童少年随班就读工作试行办法》①中指出："随班就读就是让具有一定能力的视障、听障、弱智等特殊儿童少年就近进入普通学校同普通学生一起学习、一起活动，共同进步。"特殊教育学校和普通学校随班就读成为我国残疾儿童接受教育的主要形式。由于随班就读对儿童成长、儿童权益保障和人才培养的显著效果，随班就读的比例和范围均不断扩大。21世纪以来，随班就读先后被写入新修订的《义务教育法》《残疾人保障法》《残疾人教育条例》等法律法规，其法律地位明显提升，范围也从义务教育扩大到整个教育体系。

按照邓猛教授的观点，随班就读是在西方一体化或回归主流的教育思想影响下，由我国特殊教育工作者根据我国国情探索出的针对特殊儿童实施特殊教育的一种形式，它使特殊儿童就近进入普通小学接受义务教育，使大量

① 1994年教育委员会发布的《关于特殊儿童少年随班就读工作试行办法》明确了残疾儿童少年随班就读的对象、入学的标准和学校教学的具体要求。

游离在学校大门之外的特殊儿童求学有门。随班就读是我国的"一种实用主义的融合教育模式"，旨在为我国大量还没有机会接受任何形式教育的特需儿童提供接受教育的机会，是我国在经济文化还不够发达的情况下发展特殊教育的一种实用的也是无可奈何的选择。

随班就读成为符合我国特点的一种融合教育形式。在学术研究领域，邓猛、朱志勇、颜廷睿等学者对融合教育与随班就读的共同点进行了分析。他们在《融合教育与随班就读：理想与现实之间》《融合教育：理论反思与本土化探讨》《融合教育理论指南》《随班就读与融合教育——中西方特殊教育模式的比较》等著作和论文中提出的观点，已经得到学界广泛认同。他们认为，我国的"随班就读"与西方"融合教育"具有很多共同之处，包括：教育安置形式相同或相似，均把特需学生安置到普通班级，特需学生与正常学生一起参与学校的教育教学活动；都在法律层面上保障了学生平等的受教育权利，反对歧视与排斥；都主张根据学生的个体差异对其提供个别帮助、辅导或咨询；都重视为特需学生提供接触社会的机会，帮助其完成社会化；都体现了特殊教育与普通教育相融合的思想。我国在政策层面，也对随班就读与融合教育的关系进行了认定。例如，2003年《关于印发〈全国随班就读工作经验交流会议纪要〉的通知》中指出，"随班就读"是我国实施融合教育的一种形式，是"我国基础教育工作者特别是特殊教育工作者参照国际上其他国家的融合教育做法，结合我国的特殊教育实际情况所进行的一种教育创新"。

可见，随班就读属于融合教育范畴，是我国实施融合教育的形式，立足于我国的现实国情，具有我国特色。然而，随班就读与融合教育也存在差别。根据邓猛、颜廷睿、朱志勇等学者的观点，随班就读与融合教育主要有以下几个显著的不同点：(1)价值观念基础不同。融合教育以西方的自由、平等、多元的社会文化价值观念为基础，而随班就读生长发展于传统儒家教育思想的历史文化背景之下，并体现了社会主义的政治与教育理念。(2)实践渊源不同。随班就读参照了西方融合教育的做法，也留存了某些苏联的影响，重视对学生的缺陷进行补偿与矫正。(3)理论与实践体系的完善程度有差别。我国的随班就读在理论和实践体系上还比较简单、粗糙，尤其是缺少系统的理论，与具有完备的教育目标、方法和体系的融合教育相比，随班就读更属于我国解决残疾儿童教育问题的一个切实可行的实施办法。（4）普通儿童与特殊儿童的融合程度存在差别。融合教育的根本目标是要在普通教室中为包括残疾儿童在内的所有儿童提供个性化的、高质量的教育，面向的是全体学生；随班就读的服务对象目前来说还是以盲、聋、弱智、身体残障等能基本适应普通学校学习的残疾儿童，许多重度残疾、综合残疾儿童还没有进入普通学校的机会。鉴于此，我国当前的随班就读处在融合教育发展的初始阶段，它最终会"演变成为真正的融合教育"。

这种演进，需要对我国当前的随班就读进行改进，推进随班就读向更加公平、优质、融合的方向发展。在此过程中，从"随班就读"转向"同班就读"是一个可行的路径。根据邓猛、景时等学者的观点，同班就读更能体现融合教育的理念和特点：（1）具有同等的地位。"随班就读"具有"跟随""随着"的意味，特需儿童"随着"普通儿童在普通班级中学习，这使特需儿童处于从属、附属的地位。在"同班就读"中，所有儿童是平等的，残疾儿童与正常儿童一样享有平等接受教育的基本权利。所有儿童都应平等、全面地参与学校与班级的所有活动，是普通班级中平等的一员，并有着较高的身份认同与归属感。每个儿童都具有差异，个体差异不是教育负担更不是需要解决掉的"教育问题"，个体差异是重要的教育资源，因此每个儿童都应该得到善待。（2）具有同等的环境、机会与资源。"随班就读"中，学校教育教学活动安排和教师的主要关注点都是普通儿童，特需儿童的特殊需求并不能得到充分的尊重和满足，这不利于其成长与发展。"同班就读"中，每个儿童都被视为平等的、具有个性化需求的个体，其需求都应该得到关注和满足，要为他们提供参与各项活动、获得相应教育资源的机会。（3）同等的教育。"随班就读"中，"随"字意味着学校是教育实施的主体，特需儿童要尽量达到和符合学校的要求，学校不需要为残疾学生做出改变或者承担任何实质性的责任。"同班就读"强调学生是平等的，每个学生都应该享受到适合他们自己特点的、高质量的教育。"同班就读"意味着，所有儿童都有学习能力与获得成功的权利，学校应成为帮助每一个儿童获得成功的地方，学校要根据学生的需求做出系统的改进。

综上所述，当前我国教育中的随班就读就是国际融合教育中的一种形式，是中国特殊教育实践经验的总结和国际融合教育发展趋势下的本土化探索与政策宣示，是具有"中国味"的融合教育。然而，随班就读并不是我国融合教育的理想形态，其理论体系与实践体系都不够完善，融合的范围、程度、质量都有待提升。如同其他教育改革一样，融合教育的发展也不能是千篇一律的，各国应根据其自身现实与特点对融合教育理念进行本土化，形成和而不同、各美其美的多样化形态才是融合教育发展的可行路径，也符合融合教育自身所倡导的平等、接纳、多样、包容的理念。

**二、融合教育的基本理念**

融合教育是人类社会与教育发展到一定水平之后才出现的教育现象与教育改革趋势。社会制度体系、资源条件、法治观念等都是融合教育出现的基础，人们立足于当下的同时，期冀更理想的社会与更优质的教育。融合教育是人们对未来社会发展与教育发展愿景的一部分。平等、民主、公正、多元、以人为本、个人全面自由发展等价值观念和发展预期都渗透到融合教育的理念之中。

（一）每位儿童都应享有平等的受教育权利

教育平等是教育改革发展的趋势。人类进入阶级社会以后，随着社会分化，不同社会群体的地位以及与之相应的资源和机会分配也出现了巨大分化，不同群体所拥有的受教育权差别很大。虽然历史上教育家提出了"有教无类""人是教育的对象""人只有接受教育才能成为人""把一切知识教给一切人"等具有平等价值取向的教育观点，但由于社会发展水平所限，这些观点并没有得到广泛认同，也长期缺少相应的制度保障。社会底层民众、女性、残障群体等社会群体被长期剥夺和限制了受教育权。19世纪以后，很多国家开始通过制定法规推行国民初等义务教育制度，让每个儿童接受教育成为国家、家庭的责任，教育中一些根深蒂固的等级观念开始被冲破，这是人类追求教育平等的一个里程碑。此后，教育平等在受教育阶段和受教育群体等方面不断延伸，义务教育年限延长，双轨学制、特权学校等具有阶级色彩、特权色彩的教育制度得到改革，教育平等快速推进。

在受教育群体方面，每位儿童具有平等的受教育权利得到越来越清晰的阐释和越来越充分的保障。1924年，人类社会第一个面向各国的《儿童权利宣言》发布。1948年，联合国大会通过《世界人权宣言》，强调人人都有受教育的权利。1959年，联合国大会通过《儿童权利宣言》，规定了儿童应享有健康成长和发展、受教育的权利。1989年，联合国大会通过了人类第一份具有法律效力的《儿童权利公约》，平等是其中的核心价值观念，儿童所具有的权利"不因儿童或其父母或法定监护人的种族、肤色、性别、语言、宗教、政治或其他见解、民族、族裔或社会出身、财产、伤残、出生或其他身份而有任何差别"。《儿童权利公约》规定"儿童有受教育的权利"，"最充分地发展儿童的个性、才智和身心能力"，"残疾儿童应享有得到特殊待遇、教育和照管的权利"。1994年，联合国教科文组织在西班牙召开了"世界特殊教育大会"，颁布了《萨拉曼卡宣言》，重申了1948年《世界人权宣言》提出的人人享有受教育的权利，强调世界各国应该确保所有人，不论其个体差异如何，都有受教育的权利。学校应该"接纳所有的学生，而不考虑其身体、智力、社会、情感、语言及其他状况"，"包括残疾儿童和天才儿童，流浪儿与童工，边远地区及游牧民族的儿童，少数民族儿童及其他处境不利的儿童"。融合教育思想就是在1994年的《萨拉曼卡宣言》中明确提出的，基于人权思想的儿童平等的受教育权利是融合教育的核心理念。虽然融合教育是在特殊教育基础上发展起来的，其所主张的儿童平等的受教育权利却不仅仅局限于特殊儿童和普通儿童的平等，而具有更大的范围，其所主张的平等是更优质的平等，是能适应每位儿童差异进而促进其达到最佳发展水平的平等。正如《萨拉曼卡宣言》所指出的："每个儿童都有受教育的基本权利，必须获得可达到的并保持可接受的学习水平之机会。"

（二）每位儿童都具有独一无二的个人特点

普及教育虽然给儿童提供了受教育机会，但普及教育为提高效率、节约成本而采用的集体教学、班级授课制等教育教学组织形式和标准化考核导致教师更关注群体，学生个体的个性特征、个性化需求被忽视。现代学校集体教育教学压抑学生个性发展、所培养出来的人千人一面等问题受到广泛批评，这与教育高质量发展和人全面自由发展是相背离的。

　　融合教育注重不同学生的融合，承认和肯定学生个体的个别差异性。1994年的《萨拉曼卡宣言》指出，融合教育所依据的基本教育信条包括："每一个儿童都有着独一无二的个人特点、兴趣、能力和学习需要"；"教育系统的设计和教育方案的实施，应该充分考虑到这些特点与需要的广泛差异性"。在以追求一致、效率、规范为特点的传统教育中，每位学生与众不同的特点、个性化的需求是阻碍教育工作的"问题"，是需要克服和解决的。融合教育理念起源和孕育于特殊教育，而特殊儿童是有别于普通儿童、具有更明显个别差异、更突出个别化需求的儿童，追求效率和规范普通教育的方法很难适用于特殊儿童。教育对象的特殊性，使特殊教育在理念、方法等方面也更为"特殊"，比普通教育更具有包容性、个别化的特点。融合教育延续了这样的理念，同时又拓展该理念的适用范围。当前的融合教育已经不仅仅是具有身心残障的特殊儿童和普通儿童的融合，而是所有儿童的融合。随着社会文明、科学技术程度的提升，很多"残障"问题都能得到不同程度的矫治、补偿，人们对"残障"的认知不断深入也日益包容，偏见在减少，接纳在增加。人们认识到残疾人是社会大家庭的平等成员，是人类文明在发展过程中的一支重要力量。在这种情况下，"残障"不应该是一种无法克服的病症，更不能成为一种遭受歧视的缺陷，残障仅仅是具有"特殊的需求"。根据社会建构主义的观点，残障并不是由个体的功能欠缺直接导致的，而是由于社会漠视、歧视、排斥这一群体的特殊需求导致的，残障不是医学问题而是社会建构问题，每个人都在社会生活中建构着自己。而且，每个人都具有某些"特殊的需求"，残障仅是众多"特殊的需求"中的某些类别而已。可见，融合教育的对象已经从"残疾""残障"扩大到所有"特殊教育需求"。在联合国所发布的《全纳教育共享手册》《全纳教育：未来之路》等文件中，融合教育对象不只是残疾儿童，还包括贫困儿童、少数族裔儿童、因重男轻女社会观念而被边缘化的女童、边缘地区儿童以及具有学习障碍的儿童等。在理想的社会中，每个人的特殊需求都应该得到尊重和满足。如果能获得适当的成长环境,个性化的需求得到满足,每个人都能成为在社会中平等、有价值、有尊严地生活的人。

融合教育主张尊重、利用学生的个性特点促进所有学生获得最优成长。联合国教科文组织在其报告《融合教育:未来教育之路》中提出:始终存在的学生多样性,在大多数时候仍被视为一个问题,而融合教育则要求我们从一开始就必须主动接受学生的多样性,将其视为一种"资源",而不是学校和班级"发挥其良好功能的阻力"。目前,差异是宝贵的教育资源,让儿童在差异中成长,已经获得越来越多的共识。对此,邓猛教授有一个经典的论述:融合教育的价值在于尊重每一个学生的"差异性"。学生并非千人一面的"标准化产品",而是棱角各异的"有趣灵魂"。"融合"的意义是让每一个"不同的人"感受到平等;每一个学生都是学校"平等"而"不同"的一员,所有学生都因为各自的"独特"和"不同"而平等共存。

(三)特需儿童应与普通儿童融合于普通教育环境之中

融合教育是由于特殊教育发展而来的,融合教育的概念是1994年联合国教科文组织"世界特殊教育大会"所通过的《萨拉曼卡宣言》中提出的。该宣言的发布,是由于联合国教科文组织以及特殊教育领域的学者们"认识到在普通教育系统中向具有特殊教育需要的儿童、青年和成人提供教育的必要性和紧迫性"。该宣言声明:"有特殊教育需要的儿童必须有机会进入普通学校,这些学校应该在以儿童为中心的教育活动中满足他们的需要。以全纳性为导向的普通学校是反对歧视态度、创造受人欢迎的社区,建立全纳性社会以及实现全民教育的最有效途径;此外,普通学校应向绝大多数儿童提供一种有效的教育,提高整个教育系统的效率并最终提高其成本效益。"该宣言呼吁各国政府"以法律或方针的形式通过全纳性教育原则,在普通学校招收所有儿童,除非有不这样做的令人信服之理由"。"在改善教育制度方面给予政策和预算的最优先考虑,以使教育制度能容纳所有儿童而不论其个体差异或个人困难如何。"融合教育中的"融合",最初即指具有特殊教育需要的儿童要融入普通学校之中。

《萨拉曼卡宣言》之所以呼吁特需儿童要进入普通学校与普通儿童融合，共同接受教育，有其特定的法律、学理与实践基础。从法理上说，《世界人权宣言》《儿童权利宣言》中所规定人权、儿童权利以及其中所宣扬的平等、民主、公正等理念已经深入人心，成为国际社会与各国的主导性价值观念和法律内核，特需儿童享有与普通儿童同样的受教育权，进入同样的教育环境有着坚实的法理依据。就学理而言，人文主义思想、后现代主义思想、社会建构主义思想、多元智能理论、民主化教育思潮、个性化教育思潮等哲学、心理学、教育学、社会学方面的思想使人们意识到传统的隔离式特殊教育有违于现代社会伦理，对特需儿童成长弊大于利。遵循"最大程度的接纳、最低程度的限制"的融合教育原则，让特需儿童进入普通学校普通班级能丰富教育环境，不但对特殊儿童成长有益，也对培育普通儿童的健全人格有益处。从实践层面而言，20世纪六七十年代所出现的"正常化"思潮、"回归主流"教育、"一体化"教育等教育改革运动已经为融合教育奠定了制度基础、物质与资源基础，在教育管理、课程教学、教育评估等方面积累了实践经验，使融合教育具有了现实可行性。

可见，融合教育反对将特需儿童置于隔离、封闭的特殊教育环境中，主张特需儿童与普通儿童的融合，形成融合性的学校文化与社会文化，主张在相同的环境下通过恰当的教育方法，让不同特质、不同能力的学生一起学习和生活，并获得成功。从现实情况看，这种融合也不是一蹴而就的，存在着完全融合和部分融合等多种形式。然而，无论是完全融合还是部分融合，不同儿童融合于普通教育环境中都是具有法律、伦理和制度保障的。即便是部分融合，其目的也是针对特需儿童的具体情况而做出的有利于其成长的设计，而不是出于政策和学校的排斥。正如有学者所指出的，将残疾儿童安置在普通学校普通班，不是基于怜悯，不是基于同情，更不是给他们的福利或慈善，而是对残疾儿童受教育权的尊重。

（四）所有儿童在融合教育环境中获得充分发展

使特需儿童进入普通教育环境，与普通儿童融合，这是融合教育要达成的一个结果，但并不是最终目标。如学者李拉的观点，融合教育从关注被普通教育体系边缘化的特殊教育需要对象为切入点，力求推动普通教育的改革，使普通教育能够接纳差异、满足多样化需求，最终能够面向所有教育对象，提供公平、有质量的教育。融合教育虽然起源于特殊教育，但所关注的对象已经不是传统意义上的残障儿童，而是在融合教育环境中促进所有儿童的充分发展。

第一，融合教育要促进所有儿童的充分成长。根据《世界人权宣言》《儿童权利宣言》《萨拉曼卡宣言》，每位儿童都具有平等的受教育权利和发展权利。儿童的权利"不因其本人的或家族的种族、肤色、性别、语言、宗教、政见或其他意见、国籍或社会成分、财产、出身或其他身份而受到差别对待或歧视"。然而由于长期形成的刻板印象和社会偏见，很长时间内人们认为具有残障的特需儿童无法获得正常儿童的成长水平，也没有必要使其获得正常儿童发展所需的环境与资源。对特需儿童的发展期望低、价值认可低、机会与资源供给低，导致特需儿童在社会建构和自我建构过程形成了封闭、自卑、无助、受限等问题。即便是在普通儿童群体内，学校也通过具有局限性的特定维度的考核、排名、分档、分流等方式对学生进行优劣甄别，并对学生进行具有排斥性、歧视性的差别对待，进而是很多人为造成的"差生""后进生""问题学生"发展受到迟滞。融合教育的对象是所有儿童，承认和尊重每个个体的个性特点，认可每个学生个体的价值与潜能，认为每个儿童都有其特殊教育需求，最终要促进每位儿童的发展。融合教育不仅确保所有儿童都有在主流教育体系中平等接受教育的机会，它更强调每个儿童都能在普通班级中获得充分发展。

第二，融合教育要促进所有儿童的差异化成长。融合教育尊重个体差异，《萨拉曼卡宣言》提出"每一个儿童都有着独一无二的个人特点、兴趣、能力和学习需要"。融合教育追求每位儿童的充分发展，并不是追求发展同样的结果。主张教育的规范性、一致性、统一性，恰恰是融合教育反对的传统教育弊端。"融合"不是要让大家都变得"一样"，而是要尊重大家的"不一样"，并在尊重的基础上为所有人的发展提供支持。融合教育就是在尊重学生差异化的前提下，为每个学生提供优质的、合适的教育。《萨拉曼卡宣言》要求学校"认识到和照顾到学生之间的不同需要，顺应不同的学习类型和学习速度，通过适宜的课程、组织安排、教学策略、资源利用及社区合作，确保面向全体学生的教育质量"。要实现学生的差异化发展，在教育实施中就需要做到教师眼中有一个个"具体而真实的学生"，教学目标设定、教学内容选择、教学过程实施、教学评价与反馈等方面都要体现出明显的个别化教学特点，避免传统的"一刀切""大锅烩"教育教学模式。总之，融合教育强烈反对程式化、模式化的塑造，主张以学习者为中心，针对儿童的多样化需求提供相应的教学和帮助，使学生的个性得到充分发展，进而实现学生差异化、个性化的充分发展。

第三，通过融合性的教育生态与环境实现学生的发展。融合教育的优势就在于"融合"，融通差异，汇聚资源，形成平等、包容、多元、自由、互助的融合教育生态。学校要形成融合的学校文化，认可每个个体的价值，尊重每个个体的差异，发挥每个个体的优势，鼓励合作。在融合教育理念中，差异性是值得珍惜、利用的教育资源。学生的多样性为学生的人格发展、社会化发展、创造力发展与合作学习都提供了良好的环境，正如联合国教科文组织在《融合教育：未来教育之路》中所指出的，融合教育则要求学校和教育者"必须主动接受学生的多样性，将其视为一种'资源'，而不是学校和班级'发挥其良好功能的阻力'"。融合性的教育环境对学校的布局、设施、资源都有更高要求，这对学生的充分发展也是有利的。融合教育是一个动态的推进过程，它通过提供个性化的教育与支持，以学生多样的文化与社会背景作为促进学习的因素，做到理解、关注并回应所有学习者的需要。

当然，融合教育的价值不仅仅体现在教育领域，其终极目标是建立融合的社会。融合教育认为教育既是整个社会文明进步的有机组成部分，又是支持和推动社会文明进步的动力和手段。按照邓猛教授的观点，融合教育本身不是目的，而是达到融合社会的手段。

### 三、融合教育的发展与演进

融合教育的发展是以人类社会发展为基础和前提的。融合教育理念的形成、实践的演进，都是依托于特定的社会历史发展状况，同时也是社会发展水平在教育领域中的体现。国内学界对于融合教育发展过程已有系统的探索，邓猛教授、李拉教授是其中的代表，但二者的角度又有些差别。李拉教授侧重于探究"普通儿童与特需儿童融合教育"的发展过程，邓猛教授则从特殊教育如何发展为融合教育这一角度进行分析。为了对融合教育的产生与发展过程进行全程性的呈现，本书主要参照邓猛教授的分析思路。由于融合教育是在西方的社会、文化背景中形成，对我国而言是"舶来品"，本书主要关注融合教育在西方的发展历程。

（一）融合教育之前：从漠视到隔离式的特殊教育

1. 对残障儿童的漠视与排斥

在生产力水平、科学技术水平低下的古代社会，生活资源贫乏，人们观念较为蒙昧，残障是一件"可怕的事情"。虽然考古中发现原始时代有残疾人受到同伴照顾的情况，但仅属于个例。由于部族、家庭中的共同生活经历与社会关系，因为年老、狩猎、战争等原因导致的伤残，一般能得到同伴的救助和照料。但人们对于新生儿或者无法确定原因的残疾现象通常持有漠视、恐惧、排斥的态度，残疾人通常被视为"魔鬼缠身""受到神明惩罚""作恶报应"的对象，进而遭受迫害。在古希腊时期，很多城邦都有对新生儿的身体检查制度，为了避免身体病弱、残疾的儿童消耗有限的城邦资源，这些特殊儿童将被弃之荒野，任其自生自灭。很多古希腊思想家也都有遗弃残疾幼婴的观点，例如亚里士多德就主张"让那个不准养活任何一个残疾儿童的法律生效吧"，还认为"聋者没有语言，所以是不适合教育的对象"。西欧中世纪时期，由于受到原罪论的影响，社会对儿童的认知具有鲜明的"性恶论"倾向，认为在上帝面前没有人是纯洁无瑕的，包括新出生的婴儿，主张惩罚肉体以拯救灵魂，"不可不管教儿童，你要用杖打他，就可以救他的灵魂免下阴间"。受到原罪论、性恶论的影响，人们往往把儿童违背规则的行为视为儿童自身恶性所导致或受魔鬼引诱，对儿童严厉惩罚，特殊儿童的处境尤其不利。在其他古代国家中，残害那些被认为是不祥、畸形、残疾、无用的婴儿的现象也广泛存在，例如弃婴、溺婴等。残疾人在古代社会中的地位低，容易被"污名化"进而受到迫害。根据研究者提供的资料，在中世纪的欧洲，有超过 30 万人因为被认为"魔鬼缠身"需要驱邪而被处死。等级森严的社会制度，有限的教育资源，导致一般民众都无法获得受教育机会，残疾儿童就更被排斥在教育之外了。

2. 为残障儿童提供隔离式的特殊教育

到 14 世纪西方文艺复兴时期，人文主义思想出现。人文主义主张尊重人的尊严、价值，主张尊重人的自然本能与欲望，在儿童教育中主张尊重儿童天性，反对把儿童视为"赎罪的羔羊"，反对用严苛的纪律管束儿童。受到人文主义思想的影响，文艺复兴以后的社会观念增加了人道主义精神，较之此前更为包容、理性，残疾人的境遇有所改变。文艺复兴是西方第一次思想启蒙运动，人们在一定程度上冲破宗教迷信观念的束缚，西欧进入了第一次科学大发现时期，在科学领域取得了很大进展，也改变了人们对自然现象和人类现象的认知。科学的进步与理性的张扬，使人类开始从生理机制、疾病的角度去看待残疾问题。16 世纪瑞士的巴拉赛尔苏斯①发现痴呆是一种疾病的结果而非"魔鬼附体"。随着对人体了解的深入和对致残原因的科学探索，人们对残疾的惧怕和厌恶心理得以减轻。在 16 世纪欧洲的宗教改革中，早期的国民教育思想和义务教育观念形成，例如"人人都需要接受教育""所有儿童都应该接受公共教育""男女平等，普及教育""应该给所有儿童以良好的教育"等。这一时期，特殊教育思想开始萌芽。

到 17 世纪和 18 世纪，普及教育的呼吁更为强烈，而且开始出现对特殊儿童教育的关注。被称为"教育学之父"的捷克教育家夸美纽斯的思想，在特殊教育发展中具有重要地位。他在《大教学论》中认为所有儿童都有接受教育的必要和资质。"所有乡村的男女儿童，不论贫富贵贱，都应该进入学校。""世上找不到一个人的智力愚弱到不能用教化改进的地步。"他对教育能促进

---

① 巴拉赛尔苏斯（1493—1541），瑞士医学家、化学家。在欧洲文艺复兴时期，主张医学科学必须建立在经验和观察的基础上，反对古代关于疾病的"体液学说"，否定盖仑的医学体系并批判伊本·西拿的著作。其著作有《外科学》《论精神病》等。

特殊儿童发展的价值持肯定态度。夸美纽斯将儿童分为六种,其中一种是"心智低弱同时又很怠惰的人。这种人只要不顽梗,也是可以得到很大发展的,不过需要巨大的技巧和耐心而已。"他认为:"有些人虽则看去天性鲁钝笨拙,这也毫不碍事。""盲、聋、跛、弱实际上很少是与生俱来的,他们是由于自己没有当心的缘故,智力特别弱的人也一样。"夸美纽斯还提出了教育智力发展障碍儿童的一些方法。例如,精简教学内容,使学生容易掌握知识;开发学生的智力,加强感官训练;将才智不同的学生混合起来,使优秀的学生可以帮助落后的学生。值得注意的是,夸美纽斯在 17 世纪时就凭借经验和直觉发现了普通儿童和特殊儿童融合的价值。1749 年,法国启蒙思想家狄德罗在观看一位生物学家为盲人进行眼部治疗术后深受启发,后来写出《盲人书简》一书。狄德罗认为盲人和聋人都是有学习能力的,盲人的思维也可以发展到很高水平,盲人和聋人的知识来自实践经验。基于此,狄德罗提出教育盲人和聋人的思路,如果要他们在头脑中形成一些观念,就必须运用感官来感受。这些思想家的观点对于推动聋、盲、智力落后等残障群体的教育,有着积极的作用。

　　18 世纪后期,西方的一些医生、牧师开始探索对特殊儿童的教育。这种探索基本包括个别化教育和学校式教育两种类型。在个别化教育方面,典型的案例是 1799 年法国医生伊塔(Jean Mare Itard)对一位"野孩子"维克多的教育。这位"野孩子"维克多是人们在法国阿维隆森林中发现的,由于长期脱离人类社会而成为痴呆患者。伊塔从教维克多认识物体、辨识感觉着手,探索各种教育方法,并著成《阿维隆野孩子维克多》。在学校式教育方面,这一时期针对聋、盲、智力落后儿童的学校相继出现。1770 年,法国神父莱佩在巴黎创办了世界上第一所聋人学校,在学校中探索手语教学。1784 年,法国神父瓦伦丁·阿羽依(Valuntine Haüy)为了盲人免于被人歧视和嘲笑,在巴黎建立了近代世界上第一所盲校。1837 年,伊塔的学生塞甘(Edouard Seguin)在法国巴黎创办世界上第一所智力落后儿童学校。欧洲这些学校的建立可以视为特殊教育的开端,它打破了以往残疾人没有受教育权的局面,人们对残疾人的态度也逐渐开始转向接纳。这一时期的特殊教育学校基本是封闭的，与正常儿童生活空间是隔离的。

　　20 世纪初的新教育运动对特殊教育产生了很大影响。意大利教育家蒙台梭利（Maria Montessori）对特殊儿童进行了深入研究，她主张用"教育治疗"和医学治疗结合的方式来解决特殊儿童成长问题。她认为："治疗心理缺陷主要不是医学问题，而是教育问题。"1899 年，蒙台梭利创办了一所特殊儿童学校，探索通过活动作业、感官教育、生活技能练习等方法训练和发展特殊儿童的感知运动能力，取得了显著成果，并形成了一整套"蒙台梭利方法"。蒙台梭利在对特殊儿童教育中形成的理论和方法后来被应用到对普通儿童的教育中，同样取得了巨大成功，风靡世界。蒙台梭利的教育实践说明，普通儿童与特需儿童并不是截然不同的群体，他们之间存在着众多相近、相通之处，普通儿童和特殊儿童是存在"交集"的，这对后来探索特殊教育新途径有着积极影响。

　　20 世纪之前，面向特殊儿童的特殊教育学校与面向正常儿童的普通学校之间并没有关联，相互隔离。20 世纪前期，特殊教育领域与普通教育开始出现"交集"，即在普通学校中开设特殊教育班。根据已有研究，特殊教育班的出现主要有两方面原因。一是对隔离式特殊教育学校的不满。特殊教育经过多年发展，对其办学的研究也在不断深入。人们发现，学校虽然为特殊儿童提供了受教育的机会，却过多地剥夺了他们与外界社会环境接触的机会，也严重阻碍了特殊学生日后融入主流社会。要改善这一问题，就要让特需儿童和普通儿童的生活产生一定的交集。二是义务教育法的促动。到 20 世纪初，为盲、聋、智力落后儿童提供义务教育已成为共识，并且被写入各国的义务教育法中。由于传统的特殊教育学校数量少、规模小，无法保障大量的特殊儿童入学权利，一些特需儿童就需要进入普通的公立学校。公立学校是落实义务教育的主要机构，在招生中受到更多法律约束，不能随意挑选和拒绝符合要求的学生。其结果是，学校中的学生更加多样，学校内问题儿童、特殊儿童、移民家庭儿童等处境不利儿童的数量也急剧增加。如何对那些有残疾、学习能力低下、难以管教的儿童施加教育，是公立学校的一个巨大挑战，教师难以胜任。为了避免这些特殊儿童影响其他学生，也为了集中对这些学生进行更有针对性的教育,很多学校将他们单独安置在特定班级中。这样的班级具有多种称谓,例如无等级教室(ungraded class)、机会教室(opportunity class)、辅助教室(auxiliary class)等。在普通学校中设置特殊教育班,使其采用与普通班级不同的管理、课程教学、评价的形式,既能使特殊学生得到有针对性的教育,也为他们提供了参与普通学校活动的契机。这使普通儿童和特殊儿童在空间上和活动上实现了一定程度的交集。由于这些优势,特殊教育班在20世纪50—60年代成为特殊儿童教育服务的最主要模式。

(二)趋向融合教育:"正常化"思想与教育改革

二战之后,人们对人权、民主、平等、公正等现代社会价值观的诉求不断增加,这些观念影响越来越大。以美国20世纪五六十年代的平权运动、女权运动为代表的世界民主化运动,改变了少数族裔、女性、残疾人等社会群体的地位,使其权益得到更多保障,同时也对教育观念产生了直接影响。以美国为例,此前虽然宪法中规定"人人生而平等",但由于具体实施中采取的"隔离但平等"政策,黑人和其他有色人种在社会中是受到结构化歧视和压制的弱势群体。在平权运动中,人们意识到"隔离即不平等",少数族裔通过斗争取缔了隔离政策,不同群体开始在社会生活中走向融合。在教育中,受到"布朗案"的影响,学校开始接纳不同种族的学生。在这种背景下,"正常化思想""回归主流运动""一体化运动"迅速发展。

1."正常化思想"

"正常化思想"形成于20世纪60年代,是北欧国家针对残疾人群的生存与发展提出的,主要是一种关注残疾人生存与境遇的哲学理念,是指采用尽可能符合正常文化的方式,建立或维持尽可能符合正常文化的个人行为和特征。在很长时间内,社会对残疾人存在偏见,认为他们由于存在身心缺陷,能力低于普通人,因而无法像普通人那样生活、工作与学习。这种带有歧视性的认知和预期,导致社会有意或无意地排斥残疾人,没有为他们提供符合其需求的资源条件、制度保障与人际交往等,使其在社会中被边缘化。这种不利的处境反过来又影响到残疾人的自我认知和社会认知,进而使他们陷入自我期待低、效能感低、自卑萎缩、依赖性强、自我封闭等境遇,"残疾人就要像残疾人的样子"。"正常化思想"就是针对这一问题提出的。

在实践领域,"正常化思想"也有其实践基础。一些北欧国家从二战后就开始探索更平等的教育制度。丹麦在 20 世纪四五十年代就开始设立"综合性学校"(comprehensive school)和"全民学校"(school for everyone),用于接纳包括普通儿童和特需儿童在内的所有学生。1959 年,丹麦议会颁布了被称为"正常化法案"的《智力落后法案》,确立了丹麦的残疾人政策的核心原则。主要包括:正常化,即智力落后人士的生活应该尽可能地接近正常人的生活方式;一体化,即拒绝"异常",拒绝将处境不利人士隔离在集中式的福利机构与特殊学校的进程;促进发展,承认智力落后人士接受教育与训练的权利,主张以教育代替医疗。

受到人权、民主、平等等观念的影响,加之实践中的成效与经验,人们认为应该打破对残疾人的偏见和歧视。1948 年的《世界人权宣言》中规定,人人生而自由,在尊严和权利上一律平等,残疾人和普通人享有同样的基本权利,残疾人的权利和诉求也要得到尊重。残疾人应该让自己具有和正常人一样的价值观念、思维方式、交往方式,避免自我贬抑,不能把自己封闭在传统的"残疾人认知"中。同样,社会也要像对待正常人一样对待残疾人,使残疾人回归主流社会,避免排斥和歧视。概言之,"正常化思想"的主旨就是淡化差异,消除偏见,使残疾人在人格、权利、义务、社会参与、生活环境等方面"正常化",在教育、居住、就业、社会生活、娱乐等方面都应该和正常人尽量相同。"正常化思想"从保障残疾人正常的生存环境的视角审视社会对待残疾人的方式,契合了社会民主运动对平等人权的追求,对欧美教育发达国家的社会改革运动也开始产生重要影响,是特殊教育走向融合教育的重要环节。

2."回归主流运动"

"正常化思想"主张帮助残疾人获得与正常人一样的权利、环境、机会、资源等,这就要求改变以往隔离式、封闭式的残疾人教育机构、生活机构,将残疾人安置到正常的社会环境中学习和生活。在实践中,美国 20 世纪五六十年代出现了"去机构化运动"（deinstitutionalization），即通过关停、控制进入人数、缩小机构规模、淡化"特殊性"的改造等方式限制传统专门为残疾人所设置的各类具有隔离、歧视色彩的收容、教育、训练、安置机构，再把曾经居住在这些特殊机构中的儿童和青少年转移到大众生活环境中。"去机构化运动"在美国推行的效果显著，1955年美国有56万人被收容在精神病院，10年后这个数字变成了47.5万，而20年后只有19.3万人。

与"去机构化运动"大体同一时期，美国教育领域出现了"回归主流运动"。"回归主流运动"受到了"正常化思想"的影响，主张避免对残疾人的排斥和歧视，为他们提供融入普通人群的机会。20世纪60年代，"回归主流运动"的主要推动者邓恩（Dunn）认为，"特殊教育与普通教育必须融合"，要让特殊教育学校和特殊班中的儿童回归主流。在实践层面上，由于"去机构化运动"严格限制被鉴定为"残疾人"的人数，很多人被摘去残疾人的身份标签，这些人需要回到普通学校和普通班级之中。

"回归主流运动"是对美国教育体系的一次调整，特殊教育系统和普通教育系统被整合到一起，形成了"瀑布式特殊教育服务体系"。这也是"回归主流运动"所依托的实践模式。"瀑布式特殊教育服务体系"是一种能让不同残疾程度的儿童都获得相应教育服务的架构体系，而且它还是一种可以根据特殊儿童自身身体状况以及学习需求的变化而调整安置场所的弹性架构。"瀑布式特殊教育服务体系"根据儿童对残障程度的鉴定将其分为不同层次，进而将其安置到相应的教育机构中。根据儿童残障程度由轻到重，分别将其安置到不同的机构中：（1）普通学校全日制普通班，特殊儿童和普通儿童在整个在学期间在同样的环境中学习、活动；（2）普通学校普通班有部分时间的资源教室辅助，特殊儿童部分时间与普通儿童参与同样的活动，部分时间进入资源教室、辅导室接受专门的康复、辅导、训练与心理咨询等；（3）普通学校中的全日制特殊班，特殊儿童单独编班，以班级为单位进行学习与活动，由特殊教育教师负责管理和教学，也会与普通儿童有一定的活动交集；（4）普通学校内的部分时间特殊班，部分时间在特殊班中，部分时间到校外接受相应的康复教育与治疗；（5）隔离式全日制特殊学校（或家庭），在传统的特殊教育学校或家庭中学习和生活，具有一定的隔离性，与普通儿童基本无交集；（6）医院或其他隔离式教养机构，以治疗和教养为主的机构。儿童安置的原则是"最低程度的限制"和"最大程度的接纳"，尽量让儿童进入更具有融合性、更接近主流的机构和环境中，尽量避免隔离。从人数上看，安置在普通学校全日制普通班中的学生人数最多，以普通学校普通班与部分时间的资源教室辅助形式安置的儿童其次，以此类推，除非不得已否则不让进入具有隔离特点的机构中。即便根据儿童当前的情况将其安置在偏低层次的机构中，当儿童情况好转时就将允许其向"主流"回归。可见，"回归主流"就是根据特殊儿童的综合适应状况，使儿童从受限制较多的环境，逐渐转向接近普通教室的环境，并最终实现完全融入普通教室的过程，让特殊儿童逐步"回归主流"。

20世纪70年代中期，美国颁布94—142公法（也被称为《所有残疾儿童教育法》），这被认为是美国"回归主流运动"的制度性成果，除了使美国特殊教育与普通教育的关联更为密切、稳固之外，还提出了无歧视性鉴定、个别化教育计划、零拒绝、最少受限制环境、儿童鉴定与安置规范性、家长参与知情等原则。"回归主流运动"对美国教育的影响是深远的，它让特殊教育"支流"回归到普通教育的"主流"，通过"瀑布式特殊教育服务体系"把普通学校和特殊学校联结起来，通过"最少受限制"原则保障了更多儿童融入和接触普通教育环境，通过个别化教育计划为学校开展融合教育提供了可行的教学实施模式。"回归主流运动"的影响不仅限于美国，此后英国、加拿大、澳大利亚等教育发达国家开始通过立法或制定政策，来改变固有的教育体制。"回归主流运动"在融合教育的产生与发展中是一个重要节点，很多理念、实践方面的成果就是融合教育的一部分，正因此有学者认为"回归主流运动"甚至可以被视为"融合教育兴起阶段"。

（三）进入融合阶段：融合教育的产生

在20世纪90年代以前，"去机构化运动""回归主流运动""一体化运动"等社会与教育改革虽然取得巨大成效，但这些改革所关注的对象主要残疾儿童，所影响的区域主要是少数欧美发达国家，普通学校中尚没有出现根本性的变革，尚没有提出融合教育的概念和相关理念。

从 20 世纪 90 年代以后，特殊儿童与普通儿童融合教育的问题开始进入国际视野。1990 年，联合国教科文组织等一些国际组织在泰国宗迪恩召开世界全民教育大会，会议通过了《世界全民教育宣言》和《实施全民教育的行动纲领》，提出要改善现有的教育制度和资源情况，对所有的儿童、青年和成年人进行普及教育，为所有人提供均等的机会。这次国际会议推动了全民教育思潮和全民教育运动的兴起，更进一步促进了融合教育概念的提出。

1994 年在西班牙召开的世界特殊教育大会是融合教育发展中的里程碑事件。大会通过了《萨拉曼卡宣言》，其中首次提出了"融合教育"和融合学校（inclusive school）等概念。《萨拉曼卡宣言》明确说明实施融合教育的根本依据："每个儿童都有受教育的基本权利，必须获得可达到的并保持可接受的学习水平之机会；每个儿童都有其独特的特性、兴趣、能力和学习需要；教育制度的设计和教育计划的实施应该考虑到这些特性和需要的广泛差异；有特殊教育需要的儿童必须有机会进入普通学校，而这些学校应以一种能满足其特殊需要的儿童中心教育学思想接纳他们；以全纳性为导向的普通学校是反对歧视态度，创造受人欢迎的社区，建立全纳性社会以及实现全民教育的最有效途径；普通学校应向绝大多数儿童提供一种有效的教育，提高整个教育系统的效率并最终提高其成本效益。"

1994 年的世界特殊教育大会可以被视为融合教育正式确立的标志。首先，提出了融合教育概念，确定了融合教育的内涵。融合教育不仅仅是特殊儿童与普通儿童的融合，而是要尊重每位儿童的独特性，尊重每位儿童的"特殊教育需要"。这就使融合教育超越了此前的特殊教育范畴，从特殊教育、特殊儿童升华为一种面向整个教育体系、所有儿童的教育理念。其次，系统提出了融合教育的实施思路和路径。《萨拉曼卡宣言》阐释融合教育的实施原则与具体实施路径，在教育制度、教育管理、教育法规、教师培养、学生评价与鉴定、学校与家庭、社会合作等方面提出了推行融合教育的倡议，对国际社会、国际组织也提出了推行计划、学术研究、技术支持、合作交流、资金筹措方面的倡议。再次，提出了推动整个教育体系进行根本改革的理念。主张教育制度的设计和教育计划的实施应该以儿童为中心,充分考虑、尊重儿童的差异,切实保障儿童接受高质量教育的权利。最后,融合教育从少数国家走向国际,成为国际教育改革运动。不但英国、美国、加拿大、西班牙等发达国家大力推进融合教育,智利、秘鲁、南非、加纳、中国也以各自的方式积极开展融合教育探索与实践。此后,世界出现多个融合教育专门研究机构和融合教育学术刊物,多次召开融合教育国际会议,就融合教育的理论和实践问题进行全球性的交流,联合国教科文组织发行了《融合教育共享手册》《融合教育指南:确保全民教育的通路》《融合教育:未来之路》等众多研究报告、指导手册等。融合教育的理念日益深入人心,在越来越多国家中得到创新性的落实,成为世界教育改革与发展的趋势。

总体来看,融合教育是人类社会与文明发展到一定水平的产物,也是人们追求更美好世界、更美好教育、更美好生活的一个重要方面。融合教育是当前风靡世界的教育改革运动,也是教育发展的趋势。虽然已经取得了显著成果,但也存在着很多理论与实践问题有待完善。

(四)融合教育在我国的发展历程

1.中国港澳台地区

(1)香港地区

相较于融合教育,香港地区的特殊教育已发展了较长的时间。1901 年,第一个特殊教育学校就在香港成立,其目的是专门照顾视障儿童。截至 2019 年 9 月,香港共有 60 所特殊学校,其中智障儿童学校 41 所,视障儿童学校 2 所,肢体残疾儿童学校 7 所,社会发展学院 8 所,医院学校和听力障碍儿童学校各 1 所。特殊学校的班级规模每班 8 至 15 名学生,取决于学校的类型,并且比普通学校要小。在小学和初中,特殊学校的人员配备率为每班 1.8 名教师。在高中阶段,有身份证明的特殊孩子的学校的人员配置比率是每班 2 名教师,而提供普通课程的学校的人员配置比率是每班 2.1 人。为提高教师的地位和专业水平,自 2019 学年至晚到 2020 学年起全面实施了全职教师政策。为了满足学生的多样化需求,教育局还为各个特殊学校类别提供了额外的老师，例如自闭症谱系障碍儿童的资源老师，此外，为不同类别的特殊学校提供各种专业人员，以解决残疾学生的学习困难。他们包括职业治疗师、物理治疗师、言语治疗师、职业治疗师助理、护士、教育心理学家、社会工作者等。课程发展委员会下的特殊教育需要委员会的任务是制定政策并监督有特殊教育需要学生的课程发展。为这些学生设计的课程旨在实现香港学校课程的目标，并与综合教育的实施保持一致，从而为他们提供与同类学生相当的学习经验，并充分发挥其潜力。课程开发学院负责相应的课程开发。特殊学校在制定校本课程时，一般会采用香港学校课程的课程框架，并参考《基础教育课程指南》(小学 1—6 年级)(2014 年)和《中学教育课程指南》(2017 年)。适合学生的能力并满足学生的特定需求。亦采用有效的学与教策略，以照顾学生的多元化学习需要。为了提高教师为有特殊教育需要的学生提供服务的专业能力，教育局在 2007 年至 2008 年启动了一项五年期综合教育教师专业发展框架。为在职教师提供结构化的基础、高级和主题(BAT)课程，课程类型包括认知与学习需求专题课程，行为、情感和社会发展需求专题课程，感官、交流和身体需求(身体残疾和实力障碍)主题课程等。除参考英美设置的课程外，教师还可参加由香港教育大学组织的"教师专业发展计划证书"(满足多样化学习需求)以及其他特殊教育结构性培训课程，课程学时从 30—90 学时不等。教育局亦会根据他们的专业需要，就与有特殊教育需要的学生提供服务的校长，教师和助教有关的主题，酌情举办研讨会和经验分享会。

　　1977 年，港英政府颁布了《康复政策及服务白皮书——群策群力：协助弱能人士更生》。该白皮书清晰地表达了香港地区的康复政策，引起社会对残疾人士的关注。在教育方面，当局亦提出了融合教育的概念，当时是在普通学校以特殊班及特殊计划的形式推行，主要照顾听障、视障和成绩落后的学生。

　　1995 年，联合国教科文组织世界特殊教育会议呼吁各国政府及社会响应在学校教育制度下实行融合教育，并支持发展特殊教育，使之成为所有教育计划的重要组成部分。当年，港英政府发布了《康复政策及服务白皮书——平等齐参与，展能创新天》，重新确认和修订了融合教育政策。

1997 年回归后,香港特区政府教育署推行为期两年的融合教育先行计划,鼓励学校采用全校参与的模式,为有特殊教育需要的学生提供融合(兼容)的学习环境,其目的是通过改善全校的文化、政策和措施等,为有特殊教育需要的学生提供支援。通过两年的实施,融合教育计划普及到其他各普通学校。为进一步推动公立学校采用全校参与模式推行融合教育,2003 年 7 月,教育局推出了《照顾学生个体差异——共融校园指标》,协助学校推动融合教育,提高学校照顾特殊需求学生的能力,使所有学生都能接受优质均等的教育。至今,香港的公立学校均采用全校参与模式来推行融合教育。

(2)澳门地区

我国澳门地区在 20 世纪 80 年代中期以后,特殊教育迅速发展,90 年代初,当时的澳萄政府教育司专门设立特殊教育发展委员会,并在随后的几年颁布了一系列的教育制度和法规。其中有系列内容涉及特殊教育,同时也陈述了特殊教育的宗旨、定义和对特需儿童的类别界定。1992 年澳门特别行政区教育暨青年局设立了"教育心理辅导暨特殊教育中心"(简称特教中心),专门为学生进行评估及提供各类教育安置服务。

1985 年后特殊教育学校、康复中心和融合班陆续出现。特殊教育学校招生对象为智能不足、唐氏综合征、自闭症、多动症、脑瘫、肢体障碍、弱视和整体发育迟缓的儿童。特殊教育班级按年龄划分为三个学习阶段,分别是 6 至 12 岁、12 至 16 岁以及 16 岁以上。启导班和混合班是按就读的特殊学生学习能力来安排,启导班是为学习迟缓或智力发育临界的学生所开设的班级,其课程是依据常规教育相关内容而进行编排,授课时间则根据学生的需要而作调整和延长。混合班是为学习能力及适应能力较为理想的学生来设置,等同于融合班级,一般来说这里的学生都能跟上普通的教学内容。因此,他们都会全部或者部分时间被安排在普通班上课或者参与普通班级的课外活动,该班级的学生人数也会相对较少,让教师有更多的时间来辅导学生,其学习程度分别由幼儿园至小学六年级。

其教学范围一般分为三个阶段。第一阶段的学习范围包括:沟通、心智和发展,生活自理的基本训练,个人独立性培养,学科学习,社会生活适应,手

艺和音体教育等,目的是培养学生基础的独立能力和基本学科的知识;第二
阶段的学习范围包括:学习工具操作,沟通能力,音体教育,人际交往与公民
教育,健康教育及性教育,该阶段学习目的是培养学生具备参与工作和与人
合作的能力;第三阶段的学习范围除了上述两个阶段外,还提供学生发展实
际工作的能力,以期将来就业和融入社会。班级还按每一个学生的兴趣评估
结果、家庭概况、就业机会等,定出每一个学生的个别训练目标。在这一阶段
将会为具有工作能力的学生安排实习岗位。

　　澳门的特殊教育安置及支持形式按儿童障碍性质和程度,分为以下几种
类型:第一类是融合生。这是一些经评估,身体机能障碍、智力范围等在临界
值以内,轻度的自闭症、情绪障碍、注意力不足多动症等儿童。这类儿童能力
发展较好,仅需少量的辅助就能原班就读。第二类是小班生。这是一些经评
估,学习和生活上需要较多辅助的儿童。这些儿童的智力可能是普通、临界
或者不足,也可能伴随一定的情绪问题、学习困难等。这些小班学生常会被
安排在公立学校的专门班级,这些班级的人数较少,一般在 8 至 15 人,课程
的学习内容也会进行适当的调整。三是特教班生。该部分学生是在评估后,
均存在智力发展迟缓、学习及日常生活适应困难,需要被安排在特别的教学
环境中。一般而言,这类特教班儿童会被置在公立学校或私立学校的特定
班级,班级人数一般在 6 至 15 人。而公立学校也会将特教班学生按年龄划
分为三个阶段,各阶段又划分为轻、中、重度来授课。

　　(3)台湾地区

　　我国台湾地区目前已形成了从 3 岁以上的幼儿到高等教育的较为完善
的特殊教育制度。在特殊教育政策方面,则形成了以所谓"教育基本法""身
心障碍者权益保障法"为基础,以所谓"特殊教育法"为核心,以《身心障碍教
育专业团队设置与实施办法》《身心障碍成人教育及终身学习活动实施办法》
《特殊教育学生申诉服务办法》等为补充的特殊教育规定体系。台湾地区的
特殊教育体系是借鉴了英美等西方国家的历史经验,同时又注重本地化开
发,注重教育公平的理念,对特殊儿童的鉴定、升学、辅导、服务、福利及设施
等事宜进行了较为完善的规定。

融合教育也是台湾地区特殊教育的主流发展趋势。1997 年修订的所谓"特殊教育法"提出了融合教育的概念,并在第 13 条中规定"各级学校应主动发掘学生特质,通过适当鉴定,按身心发展状况及学习需要,辅导其就读适当特殊教育学校(班)、普通学校相当班级或其他适当场所"。在 1998 年修订的所谓《特殊教育法施行细则》的第 7 条又进一步地强调"学前教育阶段之身心残障儿童应与普通儿童一起就学为原则"。到 2009 年,明确地提出了融合教育的理念,指出"特殊教育与相关服务措施之提供及设施之设置,应符合适性化、个别化、社区化、无障碍及融合之精神"。通过上述规定的修订,我们不难发现,我国台湾地区的融合教育不是简单的融合,其综合了各项因素,在推行零拒绝、社区化、无障碍等原则的同时,也进一步强调了适性化和个体性,希望身心障碍的儿童能够接受个性化的教育,从而真正实现最终的融合。

台湾地区特殊教育采用融合的教育方式,将多数的特殊教育学生置于一般普通学校接受特教服务,障碍程度较重者则安置于特殊教育学校。特殊教育类别分为身心障碍 13 类(智力、视力、听力、语言障碍、肢体障碍、脑性麻痹、身体病弱、情绪行为、学习、多重障碍、自闭症、发展迟缓、其他障碍)及资优教育六类(一般智能、艺术才能、领导才能、学术性向、创造才能、其他特殊才能禀赋优异)。特殊教育班有集中式特教班、分布式资源班及巡回辅导班等 3 种类型。而特殊教育学校由原先招收单一类型,重度障碍学生分为启智、启明和启聪等学校,到 1997 年修正学校名称均为特殊教育学校,以专收身心障碍学生而设立。台湾地区现有特殊教育学校、启聪学校、启明学校、启智学校及实验学校五类特殊教育学校。2013 年,台湾地区规定身心障碍幼儿 3 岁即可接受学前特殊教育,并继续接受九年义务教育,十二年国民基本教育实施后,完成国民中学教育。

2. 中国大陆地区

我国人口基数庞大,同时也是世界上残疾人口比较多的国家。根据第七次全国人口普查总人口数及全国残疾人抽样调查残疾人占全国总人口比例推算,我国有 8500 多万名残疾人,目前持证的有 3300 多万名。保障如此数量残疾人的教育权利,对任何一个政府来说都是巨大的挑战。新中国成立 70

多年来,通过党和政府及社会各界,特别是特殊教育工作者的不懈努力,我国特殊教育取得了显著成就,从无到有、从缓慢到快速发展,基本形成了具有中国特色、适合中国国情的特殊教育发展模式。总体而言,我国大陆地区融合教育的发展呈现出以下三个发展历程与阶段。

第一阶段是以随班就读为主的特殊教育体系的确立。融合教育在我国大陆地区最早是以随班就读的形式出现,新中国成立之前,特殊教育主要以私人创立的学校居多,形式也是以"收养"和"看护"为主,基本属于慈善和救济性质。新中国成立后,政府统筹管理特殊教育学校,出台了一系列的法规和文件,诸如:《政务院关于改革学制的决定》(1951 年)、《关于盲童学校、聋哑学校经费问题的通知》(1956 年)、《办好盲童学校、聋哑学校的几点指示》(1957 年)等相继颁布,由此确立了特殊教育的属性和地位,推动了特殊教育事业的发展。截至 1960 年,特殊教育学校从 1946 年的 40 所增加到 476 所,在校学生数也从 2322 人增加到 26701 人。虽然残疾儿童随班就读最早在 20 世纪 50 年代就有实践尝试,但尚未从学理架构层面进行探索。1986 年,我国颁布了《中华人民共和国义务教育法》,该法的颁布使得残疾儿童入学形式的多样化成为可能。1987 年,国家教委在《关于印发〈全日制弱智学校(班)教学计划〉(征求意见稿)的通知》中提道:"在普及初等教育的过程中,大多数轻度弱智儿童已经进入当地普通小学随班就读。这种形式有利于弱智儿童与正常儿童的交往,是在那些尚未建立弱智学校(班)的地区,特别是农村地区解决轻度弱智儿童入学问题的可行办法。"这是首次提到"随班就读"一词。1987 年,在西方"回归主流运动"的影响下,我国在江苏、河北、黑龙江、北京房山县三省一县进行了盲童在本村就近进入普通小学随班就读的试验。1988 年 11 月,新中国成立后首次召开的全国特殊教育工作会议在北京召开,会议交流了各地开展特殊教育的经验,提出适合中国具体情况的发展特殊教育的途径,即逐步形成以一定数量的特教学校为骨干,以大量设置在普通学校的特殊教育班和吸收能够跟班学习的残疾儿童随班就读为主体的残疾儿童少年教育格局。

第二阶段为法律法规建设的逐步完善与办学的进一步规范。为进一步规范推进随班就读,国家教委 1994 年颁布了《关于开展残疾儿童少年随班就读工作的试行办法》对随班就读的具体情况,包括就读的对象、教学要求、师资培训、家长工作和教育管理等方面做了较为详尽的规定。1996 年,国家教委和中国残联共同颁布了《全国残疾儿童少年义务教育"九五"实施办法》,指出:"普遍开展随班就读,乡(镇)设特教班,30 万以上人口,残疾儿童少年较多的县设立特殊教育中心学校,基本形成以随班就读和特教班为主体,以特殊教育学校为骨干的残疾儿童少年义务教育格局。"从而进一步从政策层面强化了随班就读的作用和地位。随后,在 1998 年《特殊教育学校暂行规定》和 2001 年的《关于"十五"期间进一步推进特殊教育改革和发展的意见》中对学生转学、教学管理、资源教室等做了规定和说明。这些制度的出台标志着随班就读迈入了规范化的阶段。

第三阶段为随班就读到同班就读的融合教育模式转变。邓猛教授在 2013 年正式提出:"对应西方回归主流走向融合教育的趋势,我国特殊教育理论应该在随班就读模式的基础上走向与全纳教育理念一致的同班就读。"同班就读的模式也是西方融合教育理论与中国国情的融汇。同班就读从随班就读 30 年的教育实践发展而来,经历了跟随到平等、关注入学转到质量提升,从初期的实用与无奈的选择,再到今天共同富裕背景下对教育公平理念的主动追求的变迁过程。同时,为了给残疾儿童提供适度教育,进一步健全融合教育机制,各省、区、市政府制定了地方性法规,如《北京市中小学融合教育行动计划》《浙江省"十四五"特殊教育发展提升行动计划》《上海市特殊教育三年行动计划(2022—2024 年)》等,开始在随班就读的基础上走上跨越式的发展道路,引领了全国融合教育发展的方向。

尽管现阶段融合教育与普通教育发展相比仍然相对滞后,是目前大陆地区教育领域中的"短板",但毫无疑问,新中国成立 70 多年来,我国大陆地区融合教育取得了长足的进步,初步形成了"以特殊教育学校为骨干,以大量随班就读和特教班为主体,以送教上门为辅助",具有中国特色的特殊教育发展模式,为在全球范围内建立没有排斥、没有歧视的融合教育体系做出了贡献。

# 第二章 国内外融合教育政策的 历史演进、实践成效及发展启示

教育政策是一个政党和国家为实现一定历史时期的教育发展目标和任务,依据党和国家在一定历史时期的基本任务、基本方针而制定的关于教育的行为准则。政策执行是为了实现政策目标,由执行者通过一定的方法和手段,借助特定的行为模式而进行的一系列实践的过程。教育政策的制定和执行都是具有一定价值观念的主体的活动,"教育政策主体在制定和执行教育政策时会面对各种教育发展要素之间的关系,面对各种利益相关者不同的利益追求,面对所要处理的各种事物之间的价值差序,这些都需要他们做出一定的选择"。

融合教育政策的发展、历史演进反映了国家和地区兼顾教育发展和教育公平的意图,而政策执行的实践是地方政府以此意图为导向,通过政策重构、宣传和教育实践来实现国家教育目标的过程。

## 一、国外融合教育政策的演进历程及实践成效

### (一)英 国

英国是世界上较早倡导融合教育理念的国家之一,也是较早以教育法案的形式提出残疾学生在普通学校就读的国家,其鲜明特点是制定和遵循一系列政策。

英国教育法的历史可以追溯到 19 世纪初,主要有教会和私人学校提供。英国教育法的产生是一个漫长而复杂的过程。在 19 世纪的后期,议会开始考虑制定教育法,以鼓励州学校的建设。最终,英国政府在 20 世纪初通过了一系列的教育法,为英国融合教育体系的建立奠定了基础。

《1976 教育法案》是英国融合教育发展史上具有里程碑意义的法案，掀开了改革隔离式教育安置、开启融合教育的历史篇章。此后，英国政府相继颁布了一系列政策，均以融合教育理念为导向。以标志性政策颁布为节点进行划分，英国融合教育政策的发展历程可以分为三个阶段。

1.打破隔离藩篱的探索期（1976—1987 年）

20 世纪五六十年代，英国等一些欧洲国家掀起了"正常化"（normalization）思潮，认为残疾人能够且应当在正常化环境中与其他同龄人一起生活和接受教育，主张改革隔离式的特殊教育。政府开始重视特殊教育的同时，为这些教育领域的发展提供了更多的资助和环境支持。20 世纪 70 年代，美国、加拿大和西班牙等国家尝试将残疾孩子安置在最少受限制环境中进行一体化教育。伴随着国际一体化教育的潮流，英国在反思隔离式特殊教育弊端的基础上开始了融合教育探索。这一时期的政策主要为《1976 教育法案》、1978 年《沃诺克报告》（The Warnock Report）和《1981 教育法案》（Education Act 1981），"打破隔离、探索融合"是政策的基本主张。

保障残疾学生的平等受教育权、探索一体化教育安置和改变对残疾群体的称谓等是此阶段融合教育政策的主要内容。1976 年，英国议会通过了《1976 教育法案》，其中第十条规定"残疾学生应该在普通学校而不是在特殊学校学习"，这是英国历史上首次以立法的形式打破残疾学生隔离教育藩篱，保障其平等受教育权。之后，英国教育与科学部于 1978 年发布了沃诺克委员会的调查报告即《沃诺克报告》，该报告提出"残疾学生和非残疾学生在一起接受教育，即一体化教育原则"；并且以改革特殊教育为抓手，提出了可操作化的"场所一体化、社会一体化和功能一体化"三种融合程度逐步加深的教育安置形式。这一阶段的教育改革，加强了对学校的评估与监督机制，提高了教师的专业化素质要求。

2.追求内涵质量的发展期（1988—2000 年）

20 世纪 80 年代以来，国际竞争伴随着信息化和全球化的进程而日益加剧，而"英国的教育质量有大规模下滑现象"。英国为了增强国力，提高教育质量，积极为教育发展寻求出路。保守党撒切尔政府采用"国家权威"和"市场机制"对教育进行改革。1997 年,新工党开始执政,将教育摆在优先发展的战略地位,希望通过教育推动经济发展和提高国家综合实力。英国融合教育在国内教育改革浪潮和国际《萨拉曼卡宣言》的推动下,迈上了由"形式"融合转向"实质"融合的新征程。这一时期发布的政策主要有《1988 教育改革法案》(Education Reform Act 1988)、《1993 年教育法案》(Education Act 1993)、1994 年《特殊教育需要鉴定与评估实施章程》(Code of Practice on the Identification and Assessment of Special Educational Needs)、1995 年《残疾人歧视法案》(Disability Discrimination Act)、《1996 教育法案》(Education Act 1996)、1997 年《为了所有儿童的优秀发展:满足特殊教育需要》绿皮书(Green Paper ，Excellence for all Children：Meeting Special Educational Needs)和 1997 年《学校的成功》白皮书(Excellence In School,1997 White Paper)。构建"实质"融合为宗旨的支持体系是政策的内在张力。

从该阶段的政策文本分析看出,融合教育支持体系的构建体现在政策发展、课程与教学、师资培养等方面。这一时期出台的政策无论是从数量上还是政策体系上都有了突破性进展;在政策目标上,融合教育质量成为政策的显性话语。在课程与教学方面,政策设计将"普遍性"与"特殊性"灵活结合,既注重了教育质量又兼顾到个体差异需求。

3.构建全纳社会的拓展期(2001 年至今)

进入 21 世纪,英国新工党布莱尔政府在"第三条道路"执政理念下,坚持教育改革推动国家建设,力图通过教育行动规避社会排斥问题,促进社会公平和构建全纳社会。2007 年,新工党布朗(James Gordon Brown)首相上任,致力于创造平等的教育机会来维护社会正义。2008 年,以"全纳教育:未来之路"为主题的国际教育大会召开,为英国融合教育发展带来了深刻影响。

2010 年,联合政府执政后,强调促进英国发展的当务之急是实现所有群体的公正平等。在此背景下,英国出台了系列融合教育政策,如 2001 年《特殊教育需要及残障法案》(Special Educational Needs and Disability Act

2001)、2001 年《全纳教育：特殊教育需要儿童》(Inclusive Schooling：Children with Special Educational Needs)、2004 年《消除成功的阻碍：特殊教育需要的政府战略》(Removing Barriers to Achievement：The Government's Strategy for SEN)、2007 年《儿童计划：创造更美好的未来》(The Children's Plan：Building Brighter Future)、《2014 儿童及家庭法案》(Children and Families Act 2014)和 2015 年《特殊教育需要实施章程：0—25 岁》(Special Educational Needs and Disability Code of Practice：0 to 25 Years)等。这些政策以促进社会融合为取向,追求教育的公平与正义。

除此之外,政策强调普通学校的有效融合,力求通过教育资源的合理调配为特殊教育需要学生提供更加公平的受教育机会。2001 年,《全纳教育：特殊教育需要儿童》将"提升有效融合"独章辟出,提出"融合教育不仅是教育安置问题,更重要的是让特殊教育需要学生有归属感,并使其潜力得到最大化发挥",避免特殊教育需要学生因状况特殊而无法融入,凸显其公平性。2004 年《消除成功的阻碍：特殊教育需要的政府战略》强调"融合不仅是学校类型,而是其体验的质量、在学校生活与学习的成就以及参与的程度"。2015 年《特殊教育需要实施章程：0—25 岁》从具体实施措施上对融合教育的有效性做出规定。这些政策安排旨在使特殊教育需要学生由边缘走向中心,打破其在融合教育中的弱势地位,为促进社会融合奠定基础。

自 1976 年以来,英国融合教育在政策推动下不断探索实践路径,逐步从打破隔离藩篱的探索期进入促进社会融合的拓展期,实施效果较为显著,尤其是对特殊教育需要学生的需求关注、多元主体参与支持保障体系的构建和特殊教育需要法庭处理制度的运行等方面。在政策导向下,英国融合教育实践有效地提高了对特殊教育需要学生的需求关注。经过 40 多年的政策推进,英国融合教育已经构建了多元主体共同参与的支持保障体系。通过 1976 年以来出台的融合教育政策可以看出中央政府一直在对融合教育进行宏观调控。除中央政府外,还有很多利益相关者已经参与进来,官方数据显示①,2018 年,82.8%特殊教育需要学生在普通学校就读,表明普通学校已成为融合教育的重要支持主体。普通学校为特殊教育需要学生提供 SEN 支持、EHC 计划和免费校餐等项目,而这些项目是多主体、多部门共同努力的结果。但英国目前正面临脱欧、经济和社会变革等复杂未知的局面,这样的背景下,融合教育将面临更多的挑战与机遇。同时,政府也要对教育体系有更多的思考和运作以进行改进,更加关注教育的公平和多样性的问题,以达到普通家庭、社会和国家层面的发展目标。

(二)新西兰

新西兰融合教育政策的发展从 1989 年至今经历了保障残障儿童入学权利、融合教育资源分配体系建立、废除种族隔离和政策反思及校验四个阶段。在这个过程中以"资源驱动"为导向的政策、融合教育政策和特殊教育政策的混淆以及分权化的管理方式都产生了问题。

1.保障残疾儿童的入学权利

1989—1995 年。20 世纪 80 年代以来,新西兰经历了一系列以"纯市场范式"为导向的教育改革,这使得整个新西兰的教育观念、教育体制发生了根本性的转变。1989 年《教育法》颁布,该法案中充分体现了融合教育的理念。法案中规定:"所有 5—19 岁具有特殊需求的学生均享有受教育权,有权进入公立学校就读。"这项法案也成为融合教育的里程碑。而在 1995 年,新西兰特殊教育国家咨询委员会成立,并着手开始相关的教育改革。在这场新自由主义变革中,个人主义、竞争和削减公众服务经费等观念受到强调,这对政策的制定和执行产生了极大影响。在教育方面,"效率"和"消费者的选择"理念占据主导地位,这种理念认为教育的目的是基于市场经济而不是公众利益。在这场教育变革中,新西兰融合教育

---

① 资料来源:Department for Education. Statements of SEN and EHC plans:England,2018—national and local authority tables [EB/OL]. (2018-08-08) [2019-03-02]. https:// www. gov. uk/ government/ statis-tics/ statements-of-sen-and-ehc-plans-england-2018.

政策、法律的最大特点就是确立了平等的融合教育理念,但这种平等的实质是隔离的平等。这一时期的政策主要是围绕经费、特殊教育发展方向、教育部门的政策态度以及残疾人平等机会展开讨论。

2. 融合教育资源分配体系的建立

1995—2000 年。这一阶段以《特殊教育 2000》(Special Education 2000,简称 SE2000)的颁布为起点,该计划也是新西兰最为完善的特殊教育支持计划。这个新政策源于三个事件:第一,受"明日学校"理念的影响,试图减少公共垄断,将中央权力下放给学校董事会;第二,受到国家申明的影响,认为新西兰特殊教育部门没有完全实现教育改革中的商业化;第三,受到特殊教育政策实施团队的影响,认为特殊教育资源使用的决策权应下放给当地的特殊教育资源管理组织。国家的职能是协调和监管特殊教育资源的分配情况以及拟定全国性的特殊教育战略。因此,从 1996 年开始,新西兰教育部颁布了一系列诸如《特殊教育 2000》之类的改革文件,宣称他们的目标是创造"一个世界级的融合教育体系"。这些改革共有两个层面:一是重新规定了特殊教育的服务条款,并致力于建设一个平等和高效的特殊教育体系;二是涉及目标和价值观的改变。这一阶段的融合教育政策方向是将学生安置在具有额外辅助设备支持、课程适应和其他资源及组织结构的融合安置环境中。

3. 废除种族隔离

2000—2007 年。2001 年新西兰政府发布的《新西兰残疾人发展战略》(New Zealand Disability Stratgy)是该国最权威的支持融合教育的一个文件。该战略的目标是为残疾人提供最好的教育,为了实现该目标要求残疾学生在当地学校接受有质量的融合教育。该战略认为,将新西兰变为融合社会需要一个长期的计划,同时指出,只有当残疾人认为他们生活的社会能够让其充分参与时,新西兰才真正实现了融合。《新西兰残疾人发展战略》是政府在与残疾人及其相关部门协商中发展而来的,该战略描述了 15 个促进新西兰发展为融合社会的发展目标,所有的目标都与主流学校接纳残疾学生间接相关,其中"为残疾人提供最好的教育"是相关度最高的一个目标。此外,从关注残疾儿童的融合转向关注对普通班级中所有儿童提供支持。2003 年，新西兰教育部修订了《特殊教育指南》，对学校的特殊教育资源、环境、教师资质等都进行了明确的要求及规定。新西兰的课程设计以《怀唐伊条约》①为基础，尤其在 2007 年实行的新课程中践行了"没有性别、种族的歧视；认可学生的身份、语言、能力，保证满足他们的学习需要"的融合理念。新西兰是个多民族国家，自成立以来就一直面临着多元化的问题。因此在新西兰除残疾儿童外，关于融合的具体问题还包括有特殊教育需要的毛利人和太平洋岛屿族裔。因此，2006 年新西兰政府出台了"太平洋岛屿族裔"计划（Pasifika Education Plan in New Zealand），旨在通过增加拨款支持岛屿族裔教育发展，为所有岛屿族裔学生提供充分的教育机会，提升其学业成就，激发其发展潜能。2006 年发布的《新西兰第三级教育战略规划 2007—2012》（Tertiary Education Strategy 2007—2012 in New Zealand），正是为了应对 2001—2021 年新西兰亚裔人、毛利人、太平洋岛国人口剧增而带来的多元化问题，以实现教育公平。至此，新西兰的特殊教育体系展示了强大的包容性和多元性，构建了世界一流的融合教育体系。

　　4. 政策反思和校验

　　2008 年至今。在工党政府委托专业机构对《特殊教育 2000》进行检核后，新西兰教育部重新走向集权化，废除特殊教育服务部门，重新设立四个直接隶属于政府的区域性学习支持网络，由政府进行统一调控。2008 年新西兰联合政府从学校教育、转衔、经费和资源、高质量服务等方面对《特殊教育 2000》进行回顾并在此基础上继续朝着融合教育的方向发展。2010 年新西兰教育部提出，为期四年的"为了每一个学校和每一个儿童的成功"（Success for All Every School，Every Child）教育计划以实现"最大限度的融合实践"，

---

① 《怀唐伊条约》（Treaty of Waitangi），又译《威坦哲条约》，是 1840 年英国王室与毛利人之间签署的一项协议。条约的签订，促使新西兰建立了英国法律体系。同时，也确认了毛利人对其土地和文化的拥有权。该条约被公认为新西兰的建国文献，该条约仍为现行文件。《怀唐伊条约》作为新西兰的建国文件有着重要的意义，其核心理念是通过合作、参与和平等实现对社会公平的关注。

保证所有特殊教育需要的学生能够在自己选择的教育机构中学习并获得成功;并要求将融合简化为可量化的标准。2012 年 5 月,《2012—2017 新西兰教育战略规划》(Statement of Intent 2012—2017)发布,此规划将发展弱势群体教育作为两大优先教育战略之一,这意味着新西兰教育部将在未来五年内集中力量从早期教育和学校教育两个方面促进弱势群体的教育成就。此外,补充学习支持服务和资源教师的合并使得教育服务更加灵活和简化。13 种研究生学历和奖学金的获得要求学习者对适应性方案、额外服务的提供、学习环境或专业化的设备和材料进行关注,进而能够为儿童和年轻人提供支持。

新西兰融合教育政策的变革反映了新西兰社会三个范式的改变:学生缺陷还是社会环境?隔离还是融合?集权化还是分权化?在这个过程中,新西兰融合教育的发展经历了一系列的挑战,也受到了一些质疑和反思。主要体现在几个方面:(1)以"资源驱动"为导向的政策成为拒绝的理由。资源是教育活动实施的基础,在一定程度上决定着教育的质量。一直以来资源分配都是新西兰政府较为关注的问题,研究者认为,关于融合的"资源驱动式分析"是有问题的,它将注意力从需要转移到强调残疾的政策和教育实践上。这种以"效率"和"消费者选择"理念为主导的政策模式,试图通过重新分配资源来实现效率和公平,在这个过程中学生的需要被改造成一种商品来回应集中化的资源管理服务。(2)融合教育政策和特殊教育政策混淆不清。尽管《特殊教育 2000》以创建融合教育体系为目标,但是在该政策中却没有对融合教育进行定义。这在一定程度上为融合教育的发展造成了阻碍。国家教育指南似乎也在混淆融合教育和特殊教育的定义。其中第一个目标是使所有的学生能够实现潜能和完全成为社会的一员,而第七个目标则隐含着特殊教育需要儿童的教育成果需要依赖于特殊的和适当的支持。在这个目标下,教育强调评估和资源,但并没有提及资源教师在班级中尊重差异的重要性。因此这个目标似乎更符合特殊教育的定义而不是融合教育。教育部一方面强调课程要适应所有的学生,另一方面又支持让更多特殊需要学生在特殊学校和班级接受教育。这种双重的话语在政策层面给公众带来了极大的困惑,究其原因还是在于新自由主义理念。(3)分权化的管理方式在一定程度上不利于融合教育的发展。新西兰的教育改革在权力分配上经历了重大的改变。分权和集权的均衡在不断地变化,但在"明日学校"之后分权的趋势越来越明显,特别是对教育政策产生了显著影响。在《特殊教育 2000》发布之前,新西兰特殊教育的管理属于高度集权化模式,由非竞争性的特殊教育服务部门和中央管理,而从 SEDA 开始到 SEG 和 RTLB 的设置都是分权化的标志。分权化的初衷是为了实现责任的交叉,要求决策者一旦控制了所有的可用资源,那么他们就要为其结果负责。(4)融合教育之间的价值冲突。在新自由主义理念下,教育被看作是一种私有物品,强调"个人的自立和竞争";而融合教育则是基于社会公平和人权,强调社会的支持和责任。

(三)澳大利亚

澳大利亚的融合教育起步较早,澳大利亚联邦政府自 20 世纪 70 年代就开始推行一体化教育政策,在实践中逐渐摸索形成了较有特色的融合教育经验与模式。尤其是进入 21 世纪以来,澳大利亚联邦与州不断通过政策的调整和优化来进一步推进融合教育改革,迄今已建立了较为系统成熟的融合教育政策体系。在融合教育对象的认定、融合教育目标的确立、融合教育政策价值观、融合教育实施方式以及保障措施等方面积累、形成了较有特色的融合教育政策经验,对融合教育实践起到了重要的规范和引领作用。

1. 从"一体化运动"到融合教育政策的确立

澳大利亚的融合教育政策最早可以追溯到 20 世纪 70 年代与英美国家几乎同步的"一体化运动"。1973 年,在卡美尔报告(Karmel Report)《澳大利亚的学校》(Schools in Australia)中,开始建议联邦政府推行一体化,为残疾儿童提供普通班的安置方式。到了 1981 年,澳大利亚几乎每一个州都形成了一体化教育政策,残疾儿童在普通学校中接受教育逐渐成为现实。1992年,澳大利亚联邦政府通过了《残疾人歧视法》(Disability Discrimination Act 1992),该法律规定了残疾儿童有权跟正常儿童一样接受同等形式学校教育的权利,该法律的颁布使得原先在特殊教育学校就读的残疾儿童趋向转入普通学校。该法案明确提出,如果因为残疾而被剥夺进入教育系统以及参与课程和活动等的机会,是违反法律的。这部法律为残疾人进入普通教育系统提供了根本的保障,确立了澳大利亚融合教育的发展方向,也为澳大利亚融合教育政策的进一步具体化奠定了法律基础。

2.21 世纪以来联邦政府融合教育政策的发展

基于《残疾人歧视法》,澳大利亚联邦政府于 2005 年专门出台了《残疾人教育标准 2005》(Disability Standards for Education 2005)来推进残疾人教育的实施。《残疾人教育标准 2005》是《残疾人歧视法》的附属法案,它构建了一个更为清晰明确的教育框架,在残疾人入学、调整、评估、支持服务、课程参与等方面都做了基本的规定,并在每个领域均具体界定了教育机构及相关人员的职责,同时建立了评价体系,对从幼儿园到大学及成人教育中的残疾人的大学和课程设置了相应的规范和标准体系。《残疾人教育标准 2005》的核心目的是确保残疾学生能够与普通学生一样获得平等的受教育机会,保障残疾人有效参与教育和训练,从而激发和实现其潜能。因而,促进融合是其基本原则。从《残疾人歧视法》到《残疾人教育标准 2005》,澳大利亚融合教育的政策架构基本形成。尤其是《残疾人教育标准 2005》,它是迄今为止澳大利亚联邦最为重要的融合教育政策文本。它为澳大利亚各州的融合教育政策制定提供了一个基本框架,成为各州进一步形成与完善融合州层面的教育政策和推进融合教育实践的重要依据和指南。与此同时,作为教育事业推进的基本原则之一,融合教育也不断被澳联邦政府作为教育事业整体推进的基本原则之一写入教育发展的整体规划之中。2008 年,澳大利亚联邦与各州教育部部长联合签署了《墨尔本宣言》(Melbourne Declaration on Educational Goals for Young Australians),这是一部关于澳大利亚未来十几年学校教育发展方向的重要文本。关于未来年轻人的教育,《墨尔本宣言》提出了两大目标:一是学校教育要支持所有年轻人成为优秀的学习者、自信与富有创造性的个体、积极且见多识广的公民;二是学校教育要促进优质和公平,学习者不因残疾、性别、文化、宗教、社会经济背景等因素而受到歧视。

3."联邦—州"协同推进的融合教育政策体系建设

受联邦融合教育政策的统领和指引,近年来澳大利亚各州政府及州教育部也在根据本州实际,通过立法或制定融合行动规划等方式积极回应联邦所提出的融合教育目标要求。尤其是最近几年,一些州连续出台更为明确具体的融合教育政策,进一步推进本州融合教育的实践发展,从而形成了"联邦—州"协同推进的融合教育政策体系。尤其是目前正在实施的《残疾人融合行动计划 2016—2020》,为新南威尔士州有效推进融合提供了明确的目标指引和具体的实施方案,对新南威尔士州融合教育的发展将会起到巨大的推动作用。

从澳大利亚融合教育政策历程的简要回顾来看,经过多年的政策演变与调整,澳大利亚已形成了较为清晰的融合教育发展战略。融合教育已被联邦政府视为有效推进澳大利亚教育发展与残疾人事业的重要方式,融合教育政策也被联邦和州提升到了法律的高度来贯彻实施,其实践意义体现在以下四点:第一,关注多元文化下的融合教育对象。澳大利亚的融合教育对象,在20世纪 70 年代开始的"一体化"时期,主要关注残疾儿童。进入 90 年代之后,特别是 21 世纪以来,澳大利亚融合教育政策的关注对象逐渐宽泛,残疾人依然是核心,但对"特殊需要对象"的关注也越发明显,他们共同构成了多元文化背景下澳大利亚的融合教育对象。第二,融合教育政策目标有机衔接。融合教育被视为促进残疾人融入社区的重要方式,而这种基于公平的教育机会的增多也会是澳大利亚文化构建的目标之一。换句话说,澳大利亚是把融合教育放在整个残疾人事业发展与社会文化发展的总体框架之内进行思考和架构的。融合教育政策不是孤立或割裂的,而是与教育和残疾人事业发展紧密联系在一起的。使残疾人通过教育的融入实现社会的融合这一目标,渗透于澳大利亚融合教育政策设计的方方面面。从宏观层面来看,它的融合教育不仅包含学前教育、义务教育、高等教育等学段序列,也包括成人教育与社区教育中的融合。从微观层面来看,融合教育中的课程设计、学业参与等环节都会尽可能地与社会融合联系起来,成为其设计的思路或环节之一。第三,由于残疾儿童的多样化的"额外教育需求",澳大利亚政府根据这些儿童的特殊情况和需求程度,提供了形式多样、功能各异的支持计划。对于轻度和中度的残疾儿童,通过学校的环境和课程体系提供融合教育层面的支持。这些支持措施保障了每个残疾儿童的适宜学习途径,并且相应的途径互相衔接,覆盖了从幼儿园到十一年级不同年龄段的需求。第四,政策保障了教育的公平。政策是有效保障教育公平的基本手段。为了保障残疾人教育权利的落实,澳大利亚政府着力通过政策设计来体现公平。"同等的条件"(On the same basis)、"参与"(Participation)是澳大利亚融合教育政策观中对公平的核心表述。"同等的条件"为残疾学生获得与普通学生一样公平的受教育权提供了保障。而要进一步体现这种公平,促进"参与"是最重要的方式与价值观念。这种参与是指全方位的参与,既包括残疾学生在学校教育中对课程及活动的参与、所享受的各类设备与服务,也包括课外活动以及校外活动,都需要把残疾学生考虑进来。《残疾人教育标准》专门为"参与"设置了系列规定和要求,这些规定和要求也清晰地体现于各州的融合教育政策之中。

### (四)印度

与西方发达国家相比,残疾儿童受教育权难以保障的问题主要存在于经济落后的国家。印度残疾儿童的数量庞大,且一直呈增长趋势。印度国立教育规划与管理大学 2014 年研究报告显示[①],印度在校的残疾儿童达到了 235 万人(未入学及非学龄残疾儿童未被统计)。印度独立 70 多年以来的残疾儿童教育政策轨迹,体现为路径演化从隔离到融合,法规体系从宪法逐步到专门法案,相关项目已经从初等教育延伸到了中等教育。依托教育政策,印度残疾儿童受教育权保障状况取得了显著成效。

#### 1.教育政策路径演化

从隔离走向融合。独立前的印度仅有数量极少的特殊教育机构且是与普通教育相隔离的。1947 年独立后,在"科技兴国"思想的指导下,印度非常

---

① 数据来源:NUEPA ( National University of Educational Planning and Administration). Elementary education in India. Where dowe stand? State Report Cards 2012-2013[R]. New Delhi: NUEPA,2014.

重视国民的教育,并积极实施特殊教育体制的改革。印度依托特殊教育机构
延续了残疾人隔离教育政策。到 1966 年,印度已有 115 所视障学校、70 所听
障学校、25 所肢体障碍学校和 27 所智障学校。随着特殊教育的发展,隔离的
残疾人教育政策导致的不良后果特别是阻碍特殊儿童融入社会等问题逐渐
暴露出来,一些有识之士开始呼吁实施融合教育。隔离的残疾儿童教育政策
在 20 世纪 70 年代逐渐松动。1974 年,印度社会福利部实施“残疾儿童融
合教育计划”(The Integrated Education for Disabled Children,IEDC),促进
了轻度至中度残疾儿童融入普通教育。1981 年,融合教育有了一个标志性
的进展。这一年是联合国宣布的“国际残疾人年”(International Year for
Disabled Persons,IYDP),印度政府考虑到教育能够促进残疾儿童由“社会
负担”向可利用的人力资源转变,因而将残疾人教育的管理权由社会福利部
转到了人力资源发展部,这一转变为印度残疾儿童融合教育发展创造了重要
条件。1986 年,印度修订发布《国家教育政策》(The National Policy on
Education,NPE),要求“在可行的情况下,将运动障碍和轻微障碍的孩子纳
入普通教育”。1987 年,依托联合国儿童基金会的支持,印度推出了融合导
向的“残疾人融合教育项目”(Project Integrated Education for the Disabled,
PIED),进一步践行残疾儿童融入普通教育理念。1994 年“世界特殊教育大
会”召开,会后发表了《萨拉曼卡宣言》(Salamanca Statement),之后印度残疾
儿童融合教育引入了“全纳教育”(inclusive education)这一崭新理念。在全
纳教育理念影响下,印度在 1995 年通过了《残疾人法案》,并强调“中央政府
和地方政府要担负起融合残疾儿童进入普通学校学习的责任”。2002 年,印
度签署了旨在促进特殊儿童融合教育的“琵琶湖千年行动框架”(Biwako
Millennium Framework for Action)①。2007 年,印度作为首批国家在《联合
国残疾人权利公约》(UN Convention on the Rights of Persons with

---

① 全称《为亚洲及太平洋残疾人努力缔造一个包容、无障碍和以权利为本的社会琵琶湖
千年行动纲领》,是 2002 年 10 月在日本滋贺县大津市召开的亚洲及太平洋残疾人十
年高级别政府间会议上通过的一项决议。

Disabilities)上签字,残疾儿童的融合教育紧密地接轨了国际框架。2012 年,修订后的《儿童免费义务教育权利法案》(The Right of Children to Free and Compulsory Education Act)确认包括患有脑瘫、自闭症、智力发育迟缓等残疾状况的儿童有权接受免费的义务教育。而为实施残疾儿童义务教育,印度加快了中小学校的建设,到 2016 年,义务教育学校数量达到了 144.9 万所,有效地保障了融合教育政策的落实。同时,印度的宪法也保障了公民一律平等,《宪法》第十五条规定:"任何公民不得以宗教、种族、性别、出生地为由,而被排斥于公共场地设施的使用之外。"第四十六条规定:"联邦应以格外关注的形式提升弱势群体的教育利益。"为了保护弱势群体的利益,这些条款必须得到完整地实施和保障。

2.法规体系

从宪法到专门法案。为回应和配合残疾儿童受教育权保障问题,印度出台了一系列重要法律法规,包括从宪法到残疾儿童教育专门法案。1950 年生效的印度《宪法》第四十一条指出:"对于残疾人,各邦政府要在经济和发展能力范围内采取有效措施保障其在工作、老龄化、疾病等方面的权利。"1968 年颁布的《国家教育政策》规定:"为保障身体和心理残疾儿童有平等的教育机会,国家应该积极采取包括增加教育设施等措施。也可以尝试发展融合教育项目,让残疾儿童到普通学校接受教育。"《国家教育政策》1986 年的修订版中指出,残疾儿童教育的首要问题是平等,并建议实施融合教育。1992 年该政策得到进一步更新,要求"以伙伴关系使残疾人融合于正常社会""教育要为他们的健康成长做准备,使他们有面对生活的勇气和信心"。此外,《国家教育政策》还倡导普通学校教师提前参加残疾儿童教育管理和职业技能等方面的适应性培训。1995 年出台的《残疾人法案》(People with Disabilities Act,PWD)是一部针对残疾人权利保障的专门法案。本法案的宗旨是"机会均等、权利保护和全参与性",努力促进残疾人融合教育。该法案还针对残疾儿童在筛查鉴定、校园设施、课程教材、人员保障等方面作了规定。到 2011 年,由于《残疾人法案》没有取得预期效果,印度推出了《残疾人权利法(草案)》(Rights of Persons with Disabilities Bill,RPDB),以替代《残疾人法案》。该草案最新版本已经在 2014 年颁布。其中对残疾儿童教育非常关键的一条规定是政府"提供免费教育直到其满 18 岁",这在一定程度上已经超越了上述系列重要法律多方面的规定与要求,反映了印度政府对残疾儿童教育权利保障的逐步拓展与完善。

　　3. 落实政策的典型项目

　　从初等教育延伸到中等教育。早期教育项目多是非政府的志愿活动,印度独立后,政府开始资助这些项目并逐渐成为残疾人受教育权保障的主要力量。多年来,印度政府为实现宪法和国际组织有关残疾儿童教育的承诺,不断地推出了各类项目和计划。1974 年,社会福利部推出的"残疾儿童融合教育计划"(IEDC)就是这些项目中的第一个。该项目不仅首次实施了融合教育,还在教师培训、教材供给、服务保障以及财政支持等方面进行了广泛的探索与实践。随后一系列的项目主要包括:1987—1994 年由人力资源发展部、联合国儿童基金会及国家教育研究与培训委员会(NCERT)共同组织的"残疾人融合教育项目"(PIED),其目的是加强"残疾儿童融合教育计划";1994年中央政府争取多方国际支持而发起的"区域初等教育项目"(District Primary Education Programme,DPEP),其最大的"亮点"是内容涵盖了残疾儿童鉴别评估、入学登记、设备供给、教师培训、家长咨询等几乎所有服务领域;1998 年印度政府与联合国合作发起的"初等教育社区支持体系"(System Support for Community based Primary Education,SCOPE)项目,其部分内容涉及了特殊儿童教育;2000 年开始的"初等教育普及计划"(Sarva Shiksha Abhiyan,SSA)及其 2005 年的伴随性的"残疾儿童与青年全纳教育行动计划"(Inclusive Education of Children and Youth with Disabilities,IECYD);2009 年发起的"中学阶段残疾人全纳教育计划"(the Scheme of Inclusive Education for the Disabled at Secondary Stage,IEDSS)等等。始于 2009 年的"中学阶段残疾人全纳教育计划"项目的目标是让那些已经完成八年初等教育的残疾儿童,能够在一个包容的普通学校环境中继续完成 9—12 年级中学阶段的学习。而在 2012 年修订版《儿童免费义务教育权利法案》中进一步确认包括残疾儿童在内的义务教育对象年龄延伸到 16 岁。由此,印度残疾儿童受教育权保障的范围已经由初等教育扩展到了中等教育。

　　相对于独立初期，印度现在的残疾儿童在接受教育的数量、质量以及保障体系方面都有了巨大的进步。比如，统计数字表明，印度已有93.66％的特殊需要儿童在各类项目中受益。而教育质量是印度残疾儿童教育更值得关注的一个问题。影响残疾儿童教育质量的因素很多，课程、教材、师资、教学设施乃至教学方法或理念等都可能会影响教学效果，印度残疾儿童教育在这些方面存在不少问题。以教师为例，在印度教师教育国家课程框架中，本来是至关重要的融合教育类课程却不是必修课程。教师教育类课程涉及特殊教育时仅限于发现和诊断残疾，教师缺乏对融合教育理论或实践的深入学习。虽然政府通过一些培训项目如"初等教育普及计划"来提升和培养在职教师融合教育的能力，但这些培训多数停留在教学方法和策略的简单介绍上，而且培训对象的覆盖面很小。另外，教育性别差异在印度本身就是一个问题，而在残疾儿童受教育权保障中性别差异更为突出，残疾女童受教育机会少之又少。印度针对残疾儿童教育推出的政策及项目未取得预期成效，一个不可忽视的影响因素就是不少利益相关者抱有或多或少的消极态度。许多教师不认为残疾学生接受融合教育是一项基本人权，而把它看作是一项慈善举动，因此他们对融合教育的支持大多是基于"同情、怜悯和照料"。又如残疾儿童自己及家长，他们对教育的消极认识和态度也影响了学习的参与度。

## 二、国内融合教育政策的演进历程及实践成效

　　新中国成立以来，残疾人教育事业受到了党和国家的高度重视，国家兴办特殊教育学校，特殊教育事业成为教育的重要组成部分，特殊教育相关研究和理念愈发丰富。在中国共产党的领导下，具有中国特色的特殊儿童教育安置模式已基本形成，接受融合教育安置的特殊儿童已成为我国接受教育的适龄特殊儿童的主体，融合教育成为我国特殊教育发展的趋势，这与世界特殊教育发展趋势是一致的。融合教育被理解为在普通学校的普通班级内教育所有学生，无论他们有何种残疾，也无论他们的残疾程度如何，都应在普通班级内接受所有的教育。

　　我国特殊教育的发展经历了教育对象从以盲聋儿童为主到所有适龄残疾儿童、教育阶段从义务教育阶段到终身教育体系、教育环境从相对独立的特殊教育学校到所有学校的过程,融合教育也正是在这个过程中被提出并逐渐受到重视的。最早建立的盲人学校、聋哑学校招收的适龄盲生、聋生数量少,位置偏,服务面小,是为解决当时残疾儿童无学可上、普通学校缺乏教育残疾儿童的经验且社会矛盾突出的局部问题与个别问题,并不带有普遍性。随着社会和教育领域改革的推进,我国特殊教育相关政策得以发展,人的融合、教育融合、社会融合成为新的更高层次需求备受关注。因此,一体化教育、全纳教育、融合教育等诸多概念被提出并开始了实践探索。新中国成立至今,按照融合教育政策的发展特征可以将融合教育政策的发展过程分为三个相对独立的阶段。

　　(一)初步探索阶段:新中国成立至 20 世纪 80 年代末

　　中国成立初期,百废待兴。尽管从新中国成立以来,一直有听力障碍、视力障碍学生就读于普通学校,但都属于零星的实践,缺乏系统性。1951 年《关于改革学制的决定》中规定:"各级人民政府设立聋哑、盲等特种学校,对在生理上有缺陷的儿童、青少年和成人施以教育。为加强特殊教育的管理,国家教育部在 1953 年就设立了盲聋教育处,直属教育部领导,其职责便是:拟定特殊教育的方针、政策并组织贯彻实施,检查盲聋哑学校的教学与行政工作,制定教学计划、教学大纲,组织教材的编写与出版,培训师资等。从 1954 年的《中华人民共和国宪法》到 1987 年的《关于印发〈全日制弱智学校(班)教学计划〉(征求意见稿)的通知》这一阶段,融合教育政策最明显的特征是开始探索和尝试开展融合教育。1983 年,教育部在《关于普及初等教育基本要求的暂行规定》中指出,"弱智儿童目前多数在普通小学就学"。1986 年发布的《关于实施义务教育法若干问题的意见》中提出,"办学形式要灵活多样,除设特殊教育学校外,还可在普通小学或初中附设特殊教育班。应该把那些虽有残疾,但不妨碍正常学习的儿童吸收到普通中小学上学"。至此,我国融合教育本土化的实践模式——随班就读已初现端倪,而明确提出"随班就读"是在 1987 年国家教委《关于印发〈全日制弱智学校(班)教学计划〉(征求意见稿)的通知》中。该文件明确提出,"在普及初等教育过程中,大多数轻度弱智儿童已经进入当地小学随班就读……对这种形式应当继续予以扶持,并帮助教师改进教学方法,加强个别辅导,使随班就读的弱智儿童能够学有所得"。这一阶段并没有明确的专项法规、制度来规定融合教育的初步实践,政策文件中也并没有出现"融合教育"一词,但已慢慢出现与之相关的表述。

(二)规范推进阶段:20 世纪 90 年代初至 21 世纪初

这一阶段的标志是从 1994 年颁布《关于开展残疾儿童随班就读工作的试行办法》(以下简称《试行办法》)到 2013 年《残疾人教育条例(修订草案)》出台。这一时期我国融合教育政策最基本的特征是出现了专门的政策法规来规范推进随班就读,随班就读这一具有中国特色的融合教育实践模式得到发展。教育实践中,让部分肢残、轻度弱智、弱视和重听等残障儿童进入普通班就读的一种方式,目的是让特殊孩子能够与普通学生一起活动、交往的同时,获得必要的康复训练,以期更好地融入社会。我国 1994 年发布的《试行办法》,在师资、教学及教学对象等方面均作出明确规定,对随班就读发展具有里程碑式的意义。同年,国务院颁布的《残疾人教育条例》指出,在实施残疾人教育的过程中,要充分发挥普通教育机构的作用,为随后的随班就读工作奠定了基调。2003 年,教育部和中国残联印发的《全国随班就读工作经验交流会纪要》指出,随班就读是发展我国特殊教育事业的"重要策略",突出了随班就读的重要性。2013 年国务院法制办公室发布的《残疾人教育条例(修订草案)》中,专设"普通学校的教育"一章,集中对普通学校做出规定,以突出融合教育的导向。这一阶段,具有中国特色的融合教育发展模式——随班就读在政策中出现,并在政策文件中对随班就读的相关事宜做出规定,为我国开展融合教育提供了指导方向和行动纲领。

(三)深化拓展阶段:2014 年至今

2014 年 1 月,国务院办公厅转发了教育部等七部门制定的《特殊教育提升计划(2014—2016 年)》,首次明确提出要"全面推进全纳教育"。2016 年,教育部印发的《普通学校特殊教育资源教室建设指南》指出，"为更好地推进全纳教育，完善普通学校随班就读支持保障体系"。同年 8 月，国务院《"十三五"加快残疾人小康进程规划纲要》也要求大力推行融合教育，国家及社会对融合教育的关注度不断上升。《第二期特殊教育提升计划（2017—2020 年）》要求"全面推进融合教育，普通学校随班就读质量整体提高"，充分体现了国家对融合教育发展质量的要求。2017 年修订后的《残疾人教育条例》更明确指出，"推进融合教育""优先采用普通教育方式"，确保越来越多的残疾人能接受普通教育。2018 年，《教育部办公厅关于做好 2018 年普通中小学招生入学工作的通知》要求，要依法保障能够接受普通教育的适龄残疾儿童少年就近就便随班就读，进一步深化残疾儿童少年随班就读安置工作。2019 年，中共中央、国务院印发的《中国教育现代化 2035》指出，要"推进适龄残疾儿童少年教育全覆盖，全面推进融合教育"。2020 年，教育部颁布的《关于加强残疾儿童少年义务教育阶段随班就读工作的指导意见》中首次出现"应随尽随"的提法，要求健全科学评估认定机制、规范评估认定；另外要健全就近就便安置制度，坚持优化原则，强化控辍保学；还要完善随班就读资源支持体系等。融合教育的发展越来越受到关注，这一阶段的一系列政策文本表明，我国要全面推进融合教育，融合教育不再是布点式发展，而是要求做到"应随尽随"，尽可能让更多的适龄残疾儿童少年进入普通学校就读。

### 三、对浙江省融合教育政策法规体系建设的启示

国内外相关融合教育政策法规体系的建设经验，对推进共同富裕示范区的浙江省而言具有一定的借鉴与启示价值。教育是事关国家发展和民族未来的千秋基业。教育对于共同富裕的重要意义，反过来也使得教育公平成为共同富裕的基本要求和重要保障。教育公平包括三个方面：一是公民受教育的机会公平；二是学生在相应受教育阶段学习过程的公平；三是学生受教育结果的评价公平。简单地说就是机会公平、过程公平、结果公平。其中，机会公平是教育公平的起点，尤其需要重视，而融合教育就是教育公平最核心的体现。

我国政府自 20 世纪 80 年代开始推行随班就读，迄今已有 30 余年的时间，随班就读政策也在不断发展。而最近几年，"融合教育"这一字眼开始逐渐替代"随班就读"，越来越多地出现于国家层面的政策表述中，反映出国家对融合教育重视程度的日渐提升。地方教育行政部门也开始着力推进融合教育，一些区域性的融合教育政策文本不断出台。这些政策法令的出台标志着我国融合教育政策新的推进与提升。然而，我们也必须意识到，浙江省乃至全国层面的融合教育政策实则尚处于起步阶段，虽有多年随班就读政策的演变与积累，但系统完善的融合教育政策体系尚未构建完成。融合教育在目前的政策表述中，更多的是一种方向与目标。它能够反映出各级政府对融合教育的重视程度，以及加大推进融合教育的决心与意愿，却远未成为一种能够对实践产生直接指导和规范意义的系统表达。在全球范围内融合教育蓬勃展开以及我国融合教育越发受到重视的背景下，对于作为共同富裕示范区的浙江省而言，完善融合教育政策体系建设势在必行。

（一）完善区域性融合教育政策法规体系

融合教育政策法规体系的发展，首先，要以完善国家层面的立法为重点抓手，从一些发达国家融合教育立法实践来看，其在进行特殊教育立法时，除了注重程序具体、易于操作外，还会相应地后续出台一系列层次完整的法规、政令来保证特殊教育法律法规便于操作。其次，除了国家层面的立法外，还有各地方、州等层面的政策和法规体系。国际上特殊教育的立法主要通过以下途径：一是专门立法，如美国 1975 年《残疾儿童教育法》；二是在教育基本法中独立设章节，如在《残疾人教育条例》中的义务教育部分；三是在教育基本法中设条款，如 1944 年英国《教育法》就设有若干融合教育条款。因此完善立法体系应从这三种立法途径入手，具体内容包括更新理念、提高立法层次、建立家长参与机制、健全评估认定机制、增加政策对象类别等。完善我国融合教育立法也要从三个层面着手，制定"融合教育条例"；在教育基本法中设融合教育独立章节，不再依附于特殊教育；在教育基本法中增加关于融合教育的条款。

对于省域层面的融合教育政策法规体系建设,要充分考虑浙江省融合教育自身的发展规律和特色。在制定省级教育政策和法规时,不脱离浙江省融合教育实际。这点可以参考美国有关州的教育法规,要强调家长参与特殊儿童教育的重要性,主张学校和特殊儿童的家长共同参与特殊儿童的生活和学习,形成双方密切合作关系。家长有权利了解学生的学习课程、生活环境,学校的教学计划,这样可以让特殊儿童在更为适宜的环境中学习和生活。融合教育政策法规体系的发展需要听取他们的意见和建议。在融合教育政策法规决策制定过程中,听取特殊需要儿童家长的建议,特殊需要儿童家长的意见建议可以为决策的实用性提供社会基础,对促成可行性强的融合教育政策法规体系具有重要意义。另外,特殊儿童家长提供意见建议而后形成的融合教育政策法规可以进一步增强更多家长对融合教育的认可。为了让融合教育效果达到最佳,满足残障儿童的特殊需要,父母应该承担更多的责任和义务,让他们科学地参与孩子成长成才,真正融入特殊儿童的教育,而不只是简单地看护和抚育。在制定省级政策与法规时,也要积极发展社区服务与志愿服务等多元社会支持体系,为特殊儿童的教育补偿提供保障。建构社会服务意识人性化、社区服务方式多元化、服务内容全面化、服务队伍专业化的多元服务体系。

鉴于上述经验,浙江省在制定地方性融合教育政策法规时应合理借鉴,在融合教育法规中加入一些家长和社区工作者参与融合教育,对其权利和义务进行明确规定,依法保障家长和社区工作者知情、建议、诉讼等权利,参与对学生个性化培养方案的制定等义务。建立健全家校一体协同共育机制。

（二）建立健全省域范围的科学评估与诊断认定机制

特殊教育诊断的目的是判断残疾种类及程度,了解致残原因及早期康复干预的状况。2020 年,教育部发布《关于加强残疾儿童少年义务教育阶段随班就读工作的指导意见》(简称《意见》),提出要规范评估认定,由县级残疾人教育专家委员会依据有关标准,对残疾儿童少年身体状况、接受教育和适应学校学习生活能力进行全面规范评估,对是否适宜随班就读提出评估意见。

《意见》对评估主体、对象、方式进行了简要规定，但是随班就读对象是具有接受普通教育能力的各类适龄残疾儿童少年，对象局限为残疾儿童，依然体现着陈旧的"机体损伤观念"，将其他类型的特殊需要儿童如"天才儿童"、学习障碍儿童排除在外。此外，这样的规定还是太过粗糙，应该通过立法的形式对特殊需要儿童的认定和评估科学化，建立标准化的操作规程。内容上应当包含特殊儿童的种类、学习能力的认定和评估标准，以及这些标准的具体实施细则，将对特殊儿童的认定评估结果作为残疾儿童的安置形式选择和个别化教育方案制定的科学依据。

《浙江省"十四五"特殊教育发展提升行动计划》指出："推动残疾儿童青少年相关数据互通共享，提高残疾学生评估鉴定、入学安置、教育教学、康复训练的针对性和有效性。"浙江省的这份行动计划也对残疾学生评估鉴定做了笼统的表述，而对评估程序和相关技术手段未有明确说明。在开展省域范围的科学评估认定工作中，可以借鉴英国《1981教育法案》中的"特殊教育需要诊断报告"制度，重点做好评估人员、评估程序和评估技术这三个方面的设计，让特殊需要儿童及其家长、学校、医疗服务机构、教育行政部门、政府部门都加入评估认定工作中。评估程序上，制定一个详细的流程，同时也注重灵活性，比如英国可以依据家长申请而随时对特殊儿童进行评估认定。最后是评估认定的技术层面，要指定有资质的专业医疗检测机构。在英国《1993教育法》中也明确了地方当局和学校应明确实施原则，对学生评估、鉴定做详细的说明。同时，对完成评估和确认书的时间有明确的限制。

（三）建立多部门的协作机制

目前的融合教育正处在多元变革与整合阶段，融合教育的实现依托于融合教育政策法规的落实，而融合教育政策法规的落实则需要各个部门、教育机构的各个环节的通力协作。以促进特殊儿童和普通儿童在多元化环境下相互理解尊重，共同成长进步。因此相关工作的开展必然需要一个明确的各方义务和权利的协作机制，如果相关部门、机构的权利义务划分不清，政策法规落实不到位，那么政策法规对融合教育的整体水平推动则不大。浙江省融合教育政策法规中已有多元主体协同的趋势,目前,浙江省已建立了由省教育厅、省发展改革委、省民政厅、省财政厅、省人力社保厅、省卫生健康委、省残联等多部门组成的协作机制。具体工作中,可以借鉴英国多元治理的经验,强调多部门的参与、合作,凸显出公共治理取向,由立法机关牵头组织,带动其他部门及社会组织积极参与,包括但不限于教育部门、民政部门、医疗卫生部门、残联以及其他政府部门和相关社会组织,发挥社区、社会福利机构及医疗康复机构的基础作用,教育、民政、卫生、残联等部门需要内外联动并形成合力,形成体系上平行、内容上衔接的协作机制,进一步促进融合教育参与主体之间的网络关系。完善学校和科研、医疗、康复等机构的合作机制,统筹各级特殊教育指导中心、教研机构和高校的专业力量,加强对特殊教育的专业支撑和指导。发展好我省融合教育政策法规体系,协同为融合教育整体发展保驾护航。

此外,要建成协调高效的融合教育政策法规体系,需要强调国家和省市(地方)层面的融合教育政策与融合教育法律法规的互补,从调控效力上形成合力,既有国家层面宏观的整体调控,又有省级和地方层面的中观和微观细节上的具体要求。另外,作为教育主管部门对融合教育实践进行规范的两种重要手段,融合教育政策和融合教育法律法规两者各自发挥着作用,二者在目标上具有一致性,它们之间相互影响、相互配合,融合教育政策是融合教育立法的基础,融合教育法律是保障融合教育政策贯彻实施的重要法律手段。因此融合教育政策法规的发展要注重两者的协调互补,达到对融合教育的规范与保障。

# 第三章　浙江省资源教室的建设现状与使用效益评估研究

## 一、概述

资源教室（resource classroom 或 resource room）的概念最早由欧文(Irwin)于 1913 年提出，目的是帮助视觉障碍学生在普通学校求学。20 世纪 50 年代伴随特殊教育的正常化和回归主流思潮，资源教室首先在美国出现和实施，随后资源教室在其他国家逐渐发展起来。20 世纪 90 年代中后期，我国部分沿海城市开始尝试在普通学校中创建资源教室。1994 年颁布的《关于开展残疾儿童少年随班就读工作的试行办法》首次将资源教室正式写入随班就读政策文本，此后资源教室的发展进入规范化阶段。随后出台的相应政策文本进一步规范了资源教室的运作，《普通学校特殊教育资源教室建设指南》这一文件的颁布对资源教室的发展具有至关重要的作用，在此过程中资源教室的内涵得以不断地丰富。

特殊教育是我国国民教育体系的重要组成部分，也是衡量一个国家教育水平乃至文明程度的标尺，继党的十九大对特殊教育提出明确要求后，党的二十大报告中，特殊教育再次成为一个重要内容，从"支持"到"办好"再到"强化"。随着教育改革的不断深化，如何为随班就读的学生提供合适且有质量的教育成为我国特殊教育发展所面临的重要问题。有研究指出，资源教室的支持力度是影响特殊学生随班就读质量的重要因素之一，确保资源教室的良好建设和运行对提升融合教育的发展质量至关重要。资源教室的建设与运行是推进融合教育发展、提升特殊儿童受教育质量的核心因素，也是构建随班就读支持保障体系的关键环节。

21世纪以来,"支持保障体系"已成为我国特殊教育事业发展中的一个重要政策概念,是当前最为迫切和关键的建设任务。构建完善的支持保障体系是特殊教育现代化发展的重中之重,也是实现"公平而有质量"的教育发展目标的根本保障。支持保障体系这一概念最早在特殊教育领域中的提出与随班就读及资源教室的建设工作密不可分。2003年,为了进一步推进我国特殊教育事业的改革与发展,促进随班就读工作质量的提升,教育部发文在全国确定了100个县(区)开展为期一年的随班就读支持保障体系建设试验工作,以建立科学化、规范化、制度化的随班就读支持保障体系为目标,使广大符合条件的残疾儿童少年能够顺利地进入普通中小学,并能留得住、学得好。《浙江省第二期特殊教育提升计划(2017—2020年)》和《浙江省"十四五"特殊教育发展提升行动计划》,明确提出特殊教育示范性资源教室建设项目的重点推进工作;推进资源教室和卫星班的学段链建设,组织资源教室和卫星班星级评估。计划"出台融合教育推进办法,制订随班就读工作指南,建立资源教室工作规范。实现有需要的乡镇(街道)有一个资源教室,全省示范性资源教室达到1000个"。另外,《浙江省教育厅关于加强残障儿童少年随班就读工作若干意见的通知》中提到加强随班就读支持服务体系建设工作:"设立资源教室的学校应当积极发挥辐射作用,有计划地安排镇街范围内其他学校随班就读学生接受康复训练,同时要组织各校随班就读班级教师进行经验交流,开展教学研究等活动,为随班就读学生搭建展示自我的舞台。"截至2021年,全省共建有资源教室2500多个,卫星班150多个。

随着普通中小学开展随班就读工作项目的实施,绝大部分地区的随班就读工作取得了初步成效,各地政府及教育行政主管部门对随班就读工作的认识有所提高,进入普通学校就读的残疾学生人数有了明显增加,各地普通中小学资源教室建设的数量和设施配备也基本达标,为我省随班就读工作的持续有效开展积累了宝贵的经验。但同时这也让相关教育工作者意识到,随班就读支持保障体系的建设是一项长期而复杂的系统工程,建设之路任重而道远。在"十三五"期间,我省随班就读支持保障体系以及资源教室建设的实践探索和理论研究工作继续不断推广与深入，从布局、场地、区域、设备、师资以及管理等方面对资源教室建设提出了更高的要求，资源教室的建设工作在科学化、规范化及制度化方面又向前迈进了一大步。

作为东部沿海省份的浙江，随着经济与教育强省计划的推进，资源教室的建设与运行情况如何？特别是在随班就读教学质量保障方面，作为支持保障体系中核心环节的资源教室，其建设情况是否达到理想状态，相应的功能是否得到最充分的发挥？本书试图从体系建构的视角，结合我省当前普通中小学（幼儿园）资源教室建设与运行的现状，从整体布局、师资配备、场地保障、专业指导等方面展开调研，以期为我省进一步加强资源教室的建设，完善随班就读支持保障体系，提升随班就读教育教学质量提供参考性建议。

## 二、调研对象与方法

### （一）调研对象

项目调研了浙江省杭州市、嘉兴市、温州市、金华市、台州市和丽水市6个地级市的37个开展资源教室的中小学（幼儿园），其中市区学校31所，农村/郊区学校6所，中小学29所，幼儿园8所。调研学校教职员工112人，教育主管部门领导17人。

### （二）调研方法

本项目采用自编问卷与个案访谈相结合的形式，问卷采用纸质与问卷星的形式，内容主要包括资源教室的基本情况、项目经费投入、硬件和师资配备情况、使用效率、教室管理和评估等维度。问卷有27个题目，有单选题、多选题和主观题三种题型。在经过工作人员系统培训和统一指导下，受访者平均答题时间为10分钟。此外，配合结构化的访谈形式，内容主要根据问卷的重点题目进行扩展，听取具体工作中的经验、存在的问题和对后期工作的建议，调研结束后对问卷和访谈的资料进行汇总与整理。

## 三、调研结果

调研的全省37个资源教室分市区和农村/郊区两个维度，市区的31个资源教室中，48.5%的资源教室在3年前完成建设，38.7%的资源教室在近

1—3年完成建设,而12.9%的资源教室在不到1年内建设完成;而农村的6个资源教室中,3年前建设完成的占66.7%,1—3年和1年内建设完成的各占16.7%,如表3-1所示。

表 3-1　资源教室建设年份和占比

| 地区 | 不到1年 | 1—3年 | 3年以上 |
|---|---|---|---|
| 市区 | 4(12.9%) | 12(38.7%) | 15(48.4%) |
| 农村/郊区 | 1(16.7%) | 1(16.7%) | 4(66.7%) |
| 总计 | 5(13.5%) | 13(35.1%) | 19(51.4%) |

在这些资源教室中,市区的31个资源教室中近3年获得示范性资源教室的占29%,合格等级的占16.1%;农村/郊区的资源教室中,获得示范性资源教室的1所,合格的2所,分别占16.7%和33.3%,如表3-2所示。

表 3-2　近 3 年获得市级示范性和合格资源教室的情况

| 地区 | 示范性 | 合格 |
|---|---|---|
| 市区 | 9(29%) | 5(16.1%) |
| 农村/郊区 | 1(16.7%) | 2(33.3%) |
| 总计 | 10(27%) | 7(18.9%) |

在这些资源教室的硬件配置中,我们根据浙江省示范性资源教室评估标准,选取了教室面积、感统设备、言语语言康复设备、心理与行为干预器材和其他设备等观测指标进行调研。其中,市区教室面积超过60平方米的占93.5%,而农村/郊区的为100%;在感统设备中,市区单个资源教室超过20类的达90.3%,而农村/郊区的为50%;市区的31个教室中,言语语言康复设备超过7大类的占90.3%,农村/郊区的为66.7%;心理与行为干预器材在市区的教室也是有90.3%超过4大类的配置,而农村/郊区教室仅占50%;其他认知干预或者补救教学设备在市区的学校亦明显高于农村/郊区的学校配置,如表3-3所示。

表 3-3    资源教室硬件配置情况

| 地区 | 教室面积 | | 感统设备 | | 言语语言康复设备 | | 心理与行为干预器材 | | 其他设备 | |
| --- | --- | --- | --- | --- | --- | --- | --- | --- | --- | --- |
| | ≤60m² | >60m² | <10 类 | ≥10<20 类 | ≥20 类 | <7 类 | ≥7 类 | <4 类 | ≥4 类 | <5 类 | ≥5 类 |
| 市区 | 2 (6.5%) | 29 (93.5%) | 0 | 3 (9.7%) | 28 (90.3%) | 3 (9.7%) | 28 (90.3%) | 3 (9.7%) | 28 (90.3%) | 1 (3.2%) | 30 (96.7%) |
| 农村/郊区 | 0 | 6 (100%) | 1 (16.7%) | 2 (33.3%) | 3 (50%) | 2 (33.3%) | 4 (66.7%) | 2 (33.3%) | 4 (66.7%) | 3 (50%) | 3 (50%) |
| 总计 | 2 (5.4%) | 35 (94.6%) | 1 (2.7%) | 5 (13.5%) | 31 (83.8%) | 5 (13.5%) | 32 (86.5%) | 5 (13.5%) | 32 (86.5%) | 4 (10.8%) | 33 (89.2%) |

在资源教室的师资配置与专业指导方面,有专职的专业的资源教师的学校,城区占比 22.6%,农村/郊区为 16.7%,而兼职的资源教师无论是市区还是农村/郊区都 100% 进行了配置;市区的学校开展有计划的教师年度培训的占 54.8%,而农村/郊区为 50%;在对家长进行针对性培训这一指标上,市区的占比 48.4%,农村/郊区的占比 50%;开展常规性的教研活动中,市区学校占比 70.9%,农村/郊区学校占比 66.7%,如表 3-4 所示。

表 3-4    资源教室的师资配置与专业指导情况

| 地区 | 有专职资源教师 | 有兼职资源教师 | 教师有开展年度培训 | 有开展家长培训 | 有开展集体教研活动 |
| --- | --- | --- | --- | --- | --- |
| 市区 | 7(22.6%) | 31(100%) | 17(54.8%) | 15(48.4%) | 22(70.9%) |
| 农村/郊区 | 1(16.7%) | 6(100%) | 3(50%) | 3(50%) | 4(66.7%) |
| 总计 | 8(21.6%) | 37(100%) | 20(54.1%) | 18(48.6%) | 26(70.2%) |

在资源教室建设经费投入与经费来源的调研表中(见表 3-5),可见:市区 58% 的资源教室总投入超过 10 万元,32.3% 的资源教室总投入为 5 万至 10 万元,剩余 9.7% 的投入不足 5 万元,而农村/郊区 50% 的资源教室总投入超过 10 万元,16.7% 的资源教室总投入为 5 万至 10 万元,剩余 33.3% 的投入不足 5 万元;在投入的经费来源中,市区 93.5% 的学校经费来自省市地方教育财政,6.5% 的来自自筹经费,而在农村/郊区的学校中,83.3% 的来自省市

地方教育财政,16.7%的来自自筹经费。

表 3-5　资源教室建设经费投入与经费来源

| 地区 | 经费投入 | | | 经费来源 | |
|---|---|---|---|---|---|
| | <5 万元 | ≥5 万元 ≤10 万元 | 10 万元 以上 | 省市财政 | 自筹资金 |
| 市区 | 3(9.7%) | 10(32.3%) | 18(58%) | 29(93.5%) | 2(6.5%) |
| 农村/郊区 | 2(33.3%) | 1(16.7%) | 3(50%) | 5(83.3%) | 1(16.7%) |
| 合计 | 5(13.5%) | 11(29.7%) | 21(56.8%) | 34(91.9%) | 3(8.1%) |

资源教室的利用率与管理也是本次调研的一个重点,关于资源教室利用情况及个案管理如表 3-6 所示:在市区 51.6%的学校定期或经常使用资源教室的设备,偶尔使用设备的占 48.4%,农村/郊区学校中两者的占比分别为 50%;市区的学校有 45.2%独立设置课程表,而 54.8%未单独设置,在农村/郊区学校中两者的占比分别为 50%;市区的学校有 48.4%设有特需儿童的成长档案,51.6%未设置,而在农村/郊区学校中两者的占比分别为 50%;市区的学校有 48.4%设置个训计划,51.6%未设置,而在农村/郊区学校中两者的占比分别为 50%;在筛查认定安置这一环节中,市区的学校有 45.2%设置该环节,54.8%的学校未设置,而在农村/郊区学校中两者的占比分别为 50%。

表 3-6　资源教室利用情况及个案管理

| 地区 | 利用情况 | | 课程表 | | 成长档案 | | 个训计划 | | 筛查认定安置 | |
|---|---|---|---|---|---|---|---|---|---|---|
| | 定期、经常使用设备 | 偶尔使用设备 | 有 | 无 | 有 | 无 | 有 | 无 | 有 | 无 |
| 市区 | 16 (51.6%) | 15 (48.4%) | 14 (45.2%) | 17 (54.8%) | 15 (48.4%) | 16 (51.6%) | 15 (48.4%) | 16 (51.6%) | 14 (45.2%) | 17 (54.8%) |
| 农村/郊区 | 3 (50%) | 3 (50%) | 3 (50%) | 3 (50%) | 3 (50%) | 3 (50%) | 3 (50%) | 3 (50%) | 3 (50%) | 3 (50%) |
| 合计 | 19 (51.4%) | 18 (48.6%) | 17 (46%) | 20 (54%) | 18 (48.6%) | 19 (51.4%) | 18 (48.6%) | 19 (51.4%) | 17 (46%) | 20 (54%) |

### 四、分析与讨论

为各类有特殊需要的学生提供公平接纳而有效的教育机会，将其安置在普通学校，通过改造传统的教育环境和变革教学方法，并为其提供专业的资源与服务，以满足特殊学生的发展需求，使其成为充分参与社会、实现自我价值的生命主体，不仅是融合教育的重要内容，也是促进教育公平，实现教育高质量发展的重要体现。

在普通学校设置资源教室的价值在于，资源教室作为一种弹性的教育支持方式，不仅可以增加有特殊需要的学生和普通学生互动的机会，促进学生的社会适应能力发展，而且作为专业的特教资源与服务平台，可以融合普通教育和特殊教育的专业力量，经过通力合作，为所有有特殊需要的学生制订个性化教育计划，提供个性化的专业资源和专业服务，为支持他们更好地融入普通学校学习搭建载体。因此，资源教室的建设应该凸显平等、开放、共享的融合教育理念，构建温馨、灵活、多功能的空间环境，配置丰富和专业的资源，创建多类型的运行模式，为有特殊需要的学生的个性化学习和发展提供多元专业支持，以此构建更能支持其发展的良好的融合教育环境。实践证明，相比普通班和特教班模式，资源教室模式下的有特殊需要的学生在学业发展、情绪行为、社会适应等方面均获得较好的发展。

#### （一）资源教室建设概况

《在浙江省第二期特殊教育提升计划（2017—2020）》和《浙江省教育厅关于加强残障儿童少年随班就读工作若干意见的通知》中明确提道："县级教育行政部门应在每个镇街至少选择一所学校建立一个资源教室，配置必要的教具、学具、康复训练设备和图书资料，做到专人负责，为本镇街区域内残障学生提供适合他们发展需要的支持性环境。镇街其他实施随班就读的中小学应配备专用辅导室，为残障学生提供个别化教育。"通过"十三五"期间的建设，浙江省的资源教室工作取得了长足的进步。2015 年，为加强对全省特殊教育工作的指导，在整合原浙江省盲人教育资源中心、浙江省智障教育资源中心和浙江省聋人教育资源中心的基础上，成立了浙江省特殊教育指导中心,中心集特殊教育研究、评估、咨询、服务于一体,跨学科、多功能地开展特殊教育研究与服务。各地市也陆续成立了地一级的特教指导中心,负责本地(县)的随班就读工作,几乎所有被调查学校所在的教育局都颁布了资源教室方案实施的有关文件。大部分学校也制定了实施资源教室方案的规章制度,资源教室工作已进入规范发展阶段。浙江省各地发展与建设资源教室的平均时间已超过 10 年,局部地区已超过 15 年。自 2013 年浙江省教育厅办公室出台《关于报送轻度残障儿童随班就读示范性资源教室建设项目的通知》和《浙江省资源教室设备配置(建议)标准》等文件,各地的资源教室建设布点工作陆续完成,截至 2021 年,全省共建资源教室 2500 余个。

在服务对象方面,调查发现,目前接受资源教室服务的特殊学生较大部分为自闭症和各类发育迟缓儿童,在农村的几个调查学校中,90%以上的资源教室只服务于某一类特殊儿童,没有充分发挥资源教室兼具的各类功能,这和北京、上海及沿海地区的情况较为一致。资源教室为学生提供的服务也较为单一,主要是资源教学和心理辅导,在为随班就读学生进行教育评估和对家长进行培训、普通教师的职后培训等方面的拓展不够,不能发挥其示范和引领作用。

(二)资源教室建设中存在的问题

浙江省在推进资源教室发展的过程中,从初步探索建设方式,到形成规范化与专业化发展的态势,亦面临诸多问题与挑战。根据时代发展的要求,资源教室的服务对象范围扩大、服务功能得以丰富、更加重视物质资源与人力资源的结合。

尽管如此,资源教室的发展同样面临诸多问题。

第一,服务对象覆盖不全。2018 年的《教育部等四部门关于加快发展残疾人职业教育的若干意见》强调了资源教室要为职业教育阶段的残疾学生服务,从纵向维度上来说,资源教室的服务学段包含了幼儿园、普通中小学和中等职业学校,但在实际的操作过程中,浙江省并未涉及高等教育阶段,只有浙江师范大学、杭州师范大学、温州大学、嘉兴学院等若干高校在学前或者小学教育等专业基础上，开设了资源教室的实训与实践教育内容。而其他未涉及教育学学科的高校，很多没有开展资源教室的建设，且未覆盖到相关的残疾学生教育服务，这样导致了接受高等教育阶段的特殊需要学生得不到资源教室的服务，一定程度上影响到他们的受教育质量。有研究曾指出，残疾人的高等教育质量堪忧，缺乏相应的保障体系，他们在高校当中未能得到适宜的教育，在面对就业时缺乏竞争力。从横向上看，现今资源教室仍主要服务于九类特殊需要儿童，以轻度的视力障碍者、听力障碍者和智力障碍者为主，这并没有涵盖特殊需要学生的所有范围，由此导致规定以外的特殊需要学生得不到相关的服务，不利于个体的发展。资源教室的服务对象应该从横向和纵向两个维度进行拓展，积极帮助特殊需要学生得到更为适宜的教育，最终使特殊需要学生获益。

第二，资源教室工作的执行及效果评价不具体。目前，省厅出台的政策文本中对资源教室相关工作执行的规定较为薄弱。尽管在《建设指南》中要求"资源教室每天均应面向本校或片区内随班就读残疾学生开放，安排适当时间向其他有特殊需要的学生、教师和家长开放，安排专人值班"，但并未指明资源教室运作的具体流程，导致在资源教室实际运行过程中缺乏活力，继而资源得不到充分利用，其设置的合理性遭到质疑。另外，该文件还指出："各地教育行政部门要将资源教室建设纳入当地特殊教育事业发展的总体规划，建立财政支持保障的长效机制……纳入学校统一管理，建立和完善相关管理制度，并根据残疾学生的特殊需要制订专门工作计划并开展工作……"由于对责任主体缺乏具体而明确的规范、制约，相关职责模糊不清，许多措施流于形式而不能得到真正落实。再者，《建设指南》虽在管理规范部分说明要"定期委派专人……对区域内资源教室的运行及成效进行考核评价，并将结果上报主管教育行政部门"，但其规定较为模糊，缺乏评价标准、奖惩机制等相关事宜的说明，不能有效监督资源教室的实际运作，不利于充分调动相关人员的工作积极性，资源教室的工作成效受到影响。

第三，资源教师的短缺普遍存在。资源教师（resource room teacher，RRT）是指承担资源教学、评估和计划的制订、咨询、日常管理和行政事务的资源人士,是资源教室方案实施中最主要的资源人士,是特殊教育和普通教育沟通的桥梁。在资源教室方案实施中,资源教师居于核心地位。其基本素养和专业能力决定资源教室的功能和质量。当前,浙江省各地的资源教师大都为兼职队伍,他们大多是学校的教学骨干,基本上为大专以上学历,专业以教育类和文科为主。他们充分认可资源教室方案在特殊儿童发展中的作用。这些都为他们从事资源教师的工作奠定了良好的基础。但调查也发现,当前资源教师队伍存在数量严重不足和职业素质普遍不高的问题。主要原因如下:一是学校资源教师一般没有编制,尤其是幼儿园阶段。因此极少有学校安排专门的资源教师,造成资源教师数量不足。没有编制是当前制约资源教师队伍发展的重要因素之一。因为没有编制,资源教师除了负责资源教室的工作外,还要承担学校的行政或教学工作。而根据资源教室建设的经验,安排专门资源教师的学校,其资源教室的建设和效用发挥得最好;领导兼职做资源教师的学校,其资源教室建设和运作的情况最差;而安排兼职资源教师的学校,资源教室建设的状况一般。因此应该由专人来负责资源教室的工作,这样才能最大限度地发挥资源教室的作用,最大限度地为特殊儿童服务。二是资源教师几乎没有任何特殊教育的背景。在担任资源教师前,没有接受过相应的职前培养(培训)和资格认定。同时,我国尚无培养资源教师的相应专业,缺乏专业性的教育人才。三是资源教师承担此项工作的时间较短,特殊教育经验匮乏。四是担任资源教师后,并没有相应部门组织他们进行系统的在职培养(培训)。访谈中,资源教师也反映目前工作中最头疼的就是特殊教育专业技能方面的欠缺,他们希望能接受较为系统的指导和帮助。五是在省内高等教育传统的教育学学科专业布点中,较少开设特殊教育或者融合教育的专业,浙江仅有浙江师范大学开设了特教专业,嘉兴学院的学前教育专业为融合教育特色方向,其余高校无相应的人才培养。这也一定程度上造成了省内资源教师的短缺和专业人才的不足。

第四,资源教学有待深入开拓。资源教学是资源教室方案为特殊儿童提供服务的主要途径,是资源教师的主要职责之一。在调研中,省内多数学校在开展资源教学前都制定有一套完整的工作程序。在教育教学实践中,资源教师总结出了以附加式、抽取式和附加式相结合的教学方式，尽量让特殊儿童可以在普通班级中接受教育；教学的内容不仅有学科教学，也对特殊儿童进行一定的康复训练；考虑到特殊学生的基本能力、学业能力、个性特点和智商等方面的差异较大，资源教学以个别教学为主、小组教学为辅；各个学校每学期会对资源教学进行评估，评估的内容多元。对于回到普通班的特殊儿童，资源教室也会一直提供服务。目前资源教学的开展虽已具有一定的规范性，但在个别化教育计划的制订、实施和教材的开发方面还存在一定问题。个别化教育计划（individualized education plan，IEP）是资源教室方案的核心文件，是特殊儿童获得适当教育和进行成功化教学的重要保证。在国外，IEP制度已实施多年并在特殊儿童的教育上发挥了积极作用。故美国和我国部分地区等均把 IEP 的精神列入特殊教育法律之中。但调查中资源教师反映，尽管上级领导要求制订 IEP，但自己对 IEP 的使用并没有完全掌握，弄不清 IEP 的具体内容和形式，有的老师甚至不知道何谓 IEP。在教学实施过程中，教师也较少对 IEP 的执行效果进行定期评估、修订。教材方面，目前普通学校教材是资源教学的主要教材来源。在教学实践中，一些有丰富的教学经验、探索精神较强的老师结合本校特殊学生的情况，编制了一些校本教材。但这些校本教材不是很成熟，缺乏针对性和系统性。

第五，管理与评估体系有待完善。在管理方面，大部分区县教育局都制定了关于资源教室方案实施的具体文件。学校已经形成校长—教导主任—资源教师分级负责的管理体系。各校都有领导专门负责资源教室工作。开设资源教室的学校基本上形成了较完善的评估体系。但特殊学生的转介方面，60%以上的学校还不很规范，存在较大的随意性，表现为学校单方面就可以决定特殊学生是否可以接受资源教室服务。部分学校的学生档案材料比较简单、内容不齐全，还有相当部分的学校未建立学生的档案材料，使得资源教室服务工作受到一定影响。在评估方面，大部分学校已经建立了比较完善的评估体系。评估的方式多元，但评估内容不够全面。主要考察特殊学生的发展，缺少对资源教师本身专业发展方面等的评估。评估的性质多为终结性评估，一般一个学期 1 次。虽然在资源教室的运作过程中，在学期或学年结束时总结得失,以进一步改进工作是必需的,但是各个学校非常缺少对资源教室工作持续性的动态评估,不利于教师和家长及时地了解特殊学生的发展状况,调整特殊学生的个别化教育计划。

第六,资源教室的功能发挥不足。资源教室方案有四大功能:评量、教学、咨询和在职训练。前两项是面向特殊学生的,因而称之为直接服务;后两项是面对普通教师的,可称之为间接服务。评量就是当资源教师接到从普通班转介来的个案后,要对个案进行教育评量、收集其基本资料,再通过正式和非正式的测量、访谈等方式全面了解个案的情况,作为制定 IEP 的依据。资源教学主要包括基本学科知识的教学、语言沟通能力和社会情感发展等方面。除了上述职能外,资源教室方案还要为普通班教师和特殊儿童的家长提供咨询,帮助普通班教师和家长了解特殊儿童的问题和需要,共同合作解决特殊学生的各种障碍。所谓在职培训,就是资源教师结合本校特殊学生的情况,对普通班教师进行在职训练,帮助他们了解特殊儿童,对他们进行相关特教专业知识与方法的培训。据调查,省内当前资源教室方案发挥得比较好的功能是资源教学,评量方面的功能因为资源教师本身能力所限,再加上资源教室中缺少对特殊儿童进行评估的各种正式和非正式的测评工具,因此评量工作开展得较少。资源教师自身很少有机会接受在职培训,更谈不上对普通班教师进行在职培训工作。此外,调研显示:资源教室的资源整合利用效率低下,较多服务对象仅限盲、聋学生,将学习障碍、情绪障碍的学生拒之门外,或不能给有特殊需求的学生提供有效的帮助,这样的资源教室就失去了帮助各类儿童发展的重要功能。

(三)资源教室建设的建议

第一,以融合教育理念引领资源教室发展。融合教育要求变革整个教育体制以应对学生的多元需求,其根本目标是为包括残疾儿童在内的所有儿童提供高质量的多元化教育。因此,资源教室的对象也是多元的,不仅包括残疾学生,还要面对其他有特殊需要的学生以及全体学生。这既是资源教室建设的起点,也是资源教室持续有效运行的动力。通过组织专题学习,对融合教育理念、资源教室建设价值和建设要求等进行宣传与解读,提升学校对发展融合教育的认识,明确资源教室是促进融合教育发展的重要载体。资源教室的建设、管理与应用,需要系统思考,有序推进。学校须将资源教室纳入学校整体规划与管理,将办学理念、管理制度、校园文化、课程与教学、教师队伍等进行系统革新,将资源教室与其他教学资源进行整合,创新物理环境、教学场景和文化氛围,营建积极接纳有特殊需要的学生的整体融合教育氛围,保障全体学生都能享受到优质教育。

一是资源教室建设应与学校整体办学风格相融合,与其他专用场所和专业资源相融合;二是采用通用设计理念,从校园整体无障碍环境,资源教室的空间布局、课程设计、教学活动等方面,在优先考虑有特殊需要的学生需求的基础上,兼顾普通学生需求,平时对全体学生开放,既有助于资源教室去标签化,也能有效提升使用效益;三是在应用层面上,以资源教师为主导,通过资源教室这一载体,形成跨部门的团队协作机制,既和校外医生、康复师、特教专家、巡回指导教师合作,也和校内各学科教师合作,各种专业力量形成融合教育合力,能更大程度地促进有特殊需要的学生的发展。

第二,以专业标准指导资源教室规范建设。基于特殊学生发展和课程实施需求,浙江省出台了《浙江省资源教室设备配置(建议)标准》(见附录3),对资源教室环境建设、教具、学具和康复设备配置提出专业要求,指导学校根据课程实施和学生情况进行个性配置。融合教育强调学校教育要满足所有儿童的需要,并根据儿童自身的个性需要提供特殊服务。

浙江省普通学校的资源教室,强调尊重学生个体差异,要求根据有特殊需要的学生特点、课程内容、场地条件等开展个性化资源配置,使其更符合学校和学生实际需要,对于传统的资源教室“统建统配”来说是一次革新。资源教室的资源配置呈现以基本配置为基础、根据学生需求灵活调整的特征,学生潜能开发、特长发展和功能补偿都得到支持。

第三,聚焦服务主体,界定需求,明确资源教室服务对象。慎重筛选分层活动。选择合适的有真正教育需求的特教学生是让特教资源教室发挥其功效的基础。特殊学校应结合本地特殊学生的状况进行合理分类,并且在特殊教室资源的使用上也要进行精确划分。比如,对于低年级感统失调的特殊学生,特教学校应对这些学生进行更精确的层次划分,第一类是有残疾、存在特殊发展状况的学生,这些学生需要有相关的残疾证件;第二类是无法正常学习的学生,他们在学习中无法保持较好的协调性,不能达成学习所具备的条件;第三类是那些需要预防并对相关的特教支持活动感兴趣的人群。另外,对于这三类学生的活动设计应该是不同的,对于第一类情节比较严重的学生,资源教师要对他们实施一对一的特殊指导,加强对这类学生的针对性指导。对于第二类学生,可以采用团队指导的形式,比如对他们进行组团活动,让他们在活动中感受到活动的乐趣,吸引他们的注意力,逐渐改善他们的认知。对于第三类学生,可以开展一定的专业知识讲座,让他们发挥特教的义务支持力度,把特殊教育的事业做得精准化。

组团合理制订计划。众所周知,要让教师、学生、家长对新事物进行理性接纳,除了时间方面的因素,还需要主体的接纳。虽然教室资源开发之后可以有效利用,但其资源的应用需要一定的人群来感受,提升资源教室的适切性。为了让资源教室的功能有所展现,特殊学校应采取形式活泼的招生方法,例如采用一定的广告形式,让更多有主动意愿的特殊学生前来体验。比如,关于感统失调的训练主题,学校可以采用"感统失调俱乐部"的形式,让更多的学生自荐或举荐他人,在众多孩子都跃跃欲试的情况下,由班主任和任课教师根据开学第一个月的观察分析,从班级中选择出好动但行动不协调、学习能力不突出的学生,最后资源教师与每个家长个别沟通交流,让家长充分了解活动主旨和俱乐部的主旨精神,获得学生家长的支持。然后对选出的特殊学生进行专业化的指导,结合每个学生存在的显性问题,制定具体的计划和方案,并在后期进行一定的训练。

第四,创新多元化教学方法,高质量服务有特教需要的学生。鼓励尝试项目训练。在选出合适的学生人选进行相关的指导之前,需要资源教师对广大学生家长或助教人员进行特教指导器械的运用,为他们进行相关的演示,让广大助教团及学生家长明白专业教师的指导计划和指导策略。为了让培训的力度最大化、培训效益最优化,特教学校应把握好家庭教育指导的培训力度，让特殊学生得到更全面的发展。例如，"感统失调俱乐部"应注重加强对特殊学生的感统整合培养，采取集中学习、间隔训练、家庭协助的活动模式开发资源教室活动平台。集中学习是让这些感统失调的学生在固定的时间段内进行专业的团队活动，由资源教师进行专业的辅助。教师需要结合每个特殊学生的成因进行专业指导，并要求特殊学生的家长在家也要采用一定的方式配合教师的指导，在必要的时候让特殊学生家长结合资源教室的器械使用方式对学生进行指导，将培训力度发挥到极致。针对每个孩子的感统失调程度和需求，教师还要为学生制定强化训练的具体康复项目，情节严重的，资源教师应加强对学生的指导；情节逐步减轻的，教师可以适当减少对特殊学生的指导，让每个层次的特殊学生都有时间成长。

游戏拓展创编玩法。除了开发器材室的活动器材，资源教室中的专业教师应采取多样的方式加强对特殊学生的指导。鉴于特殊学生的特殊性，他们自身的学习能力较弱，对外界事物的理解能力较弱，资源教师可以采用一定的民间游戏形式，对特殊学生进行轻松的指导。如此，一方面可以调动学生的学习积极性，另一方面可以对学生进行指引以达到很好的促进作用。比如，将"跳房子""猜手指""老鹰捉小鸡"等学生喜欢的传统游戏融入对特殊学生的指导中，对教育并带动学生的学习气氛有很好的推动作用。例如，在"挤包子"游戏中，资源教师可以让多名学生靠着墙，侧着身子挤来挤去，同时提醒学生注意自身的安全，也注意其他同学的安全，在大家都安全的情况下，学生们参与活动的热情高涨，不仅可以提升学生的学习兴趣，还可以促进学生身体的均衡性，也促进了学生团队意识的形成。要使学生在训练中表现出极大的热情和专注、玩得长久，资源教师还应为学生创设"一物多用"的玩法，让学生个体、集体都带着极大的热情去参与相关物件的使用，让学生在互动中收获知识、养成习惯、形成行为品质，将特殊指导的效果发挥到极致。

第五，支持融合课程开发和实施创新资源教室应用。资源教室在支持融合教育实践过程中，围绕有特殊需要的学生的学业辅导、生活适应、心理辅导、康复支持等多元发展需求，通过配置教学具和辅具等专业资源，支持普通学校个性化课程开发和实施，助推教师教学方式创新。

资源教室支持融合教育各类课程的开发和实施。一是支持普通教育课程的学科补救教学。教师利用资源教室的各种教具、学具资源以及多功能区域,开发普通教育课程和特设课程相互补充的融合教育课程,强化有特殊需要的学生基础学科的学业辅导。二是支持有特殊需要学生的个性化课程实施。教师通过关注这类学生的潜能发展和缺陷补偿,有针对性地开发和实施适合其发展的感知、认知、运动、言语沟通等各类个性化课程,增强个别化教育的针对性和有效性。三是支持社会适应和生活技能类课程的实施。教师依托资源教室,开发学生学习生活技能和社会适应类课程,定期为学生开展个别训练或小组融合活动,提高学生生活自理能力,促进沟通交往等社会适应能力发展。

资源教室促进教学方法的创新。针对各类有特殊需要的学生的不同发展水平,教师充分运用资源教室的各种教具、学具、辅具等资源,采用分组教学或个别教学等形式,为他们提供分层支持,提高教学和康复有效性。一是体现个别化教育理念,丰富教学组织形式。教师为每位有特殊需要的学生制订个别化教育计划,选择适合的教学方法,利用学科教具、学具,让抽象的概念变得更加直观形象,帮助他们理解知识难点。二是倡导伙伴互助协作,体现融合精神。教师设计和实施融合活动,普通学生和特殊学生组成融合小伙伴,通过课前融合、小组竞赛和小组学习等形式,能更有效激发学生的学习兴趣与动力,实现普通学生和有特殊需要的学生共同成长。

第六,专业培训提升教师特殊教育能力。稳定的资源教师队伍是资源教室工作开展、随班就读质量保障的基本条件。各级行政部门及学校应当勇于探索各种可能的政策及激励保障机制,以提高资源教师的稳定性。资源教室建设与运行是否有效,关键在于教师融合教育专业能力和团队协作机制,开展职后培训就成为提升教师特殊教育专业发展能力的重要途径。途径一:为了促进教师专业发展,通过组织开展资源教室建设、应用培训和主题活动,对融合教育理念和实践经验进行广泛宣传与推广,深化一线教师对于资源教室价值的理解和认同;途径二:组建教育、医学、心理学等专家团队,制作资源教室无障碍设施、教具、学具、辅具等应用指导视频,采用现代信息技术,加强对普通学校教师特教资源应用的指导，提高教师的资源专业应用能力；途径三：开展特教资源应用的专题培训，教具、学具和辅具应用的个案研究等，促进教师的特殊教育理论、资源应用水平、特教研究能力同步提升。

第七，以资源教室为基础，形成区域及校内联动的支持服务体系。从支持服务体系的视角来看，"孤岛"型的资源教室很难实现为其设定的功能目标，运作的持久性也相当低。事实上，资源教室作为整个随班就读支持保障体系的核心环节，应该在体系建设中发挥积极的联动作用，既包括区域内的联动，也包括校内的联动，从而使随班就读支持保障工作校外有所依、校内有所靠。

在区域层面，资源教室应当充分发挥资源共享站和联络站的功能。教育部办公厅印发的《普通学校特殊教育资源教室建设指南》中提出，在区域资源不平衡的情况下，有能力的资源教室需要辐射相邻周边学校，为学生提供直接的教育支持服务，完成区域性资源服务的共享。相应地，那些目前尚没有条件设置独立资源教室的学校，应当至少成立校外资源教室服务的校内对接点，配合、协调校内外资源的联动支持，从而在有限的条件下尽可能为学生提供必要的服务。

在校内层面，资源教室应当积极推动校内随班就读支持服务体系的建设，整合各学科资源，与随班就读学生所在普通班级的任课教师形成积极的联动关系，响应、支持、解决特殊学生的日常学习需求、行为问题等，尽可能使随班就读的主战场回归普通课堂。校内支持服务体系至少应该包括三个主要成分，一是直接面向特殊儿童个体需求的教育支持服务，这是资源教室不应改变的根本功能。二是要形成面向普通任课教师和其他教职员工的响应、联动机制，为他们解决突发问题、调整教学策略、适应学生需求提供咨询、指导和支持。三是要为相关班级同学及学生家长提供相适应的咨询、支持服务，联动所有相关人员共同构建整体性融合校园环境。

第八，建立更完善的管理和评估体系。在管理方面，针对目前随班就读学生的转介存在一定随意性的问题，开展随班就读工作的学校应严格按照《浙江省教育厅关于进一步加强轻度残障儿童少年随班就读工作的若干意见》,根据残联部门指定的残疾鉴定医疗机构的鉴定结论,由家长向学校提出申请,学校应将学生情况、家长申请及学校拟办意见上报区县教育行政部门,区县教育行政部门应组织专家对学生情况、家长申请及学校意见进行审核,如果学生情况符合残疾标准,则可作为随班就读学生,取得随班就读学籍,开始在资源教室接受指导和帮助。

在资源教室方案的评估实践中,应将定期评估和不定期评估相结合,且以持续的动态评估为主。评估的内容要多元并使用可靠的工具对评估结果进行分析,指明资源教室方案面临的挑战和努力的方向。在评估中,实施资源教室方案的学校之间可以相互学习、借鉴经验,制定出一套更完善的评估指标体系。

## 五、结语

总之,建设特教资源教室是促进特殊学生长期稳定发展的基本保障,但建设长效稳定的资源教室离不开专业资源教师的专业支持。资源教师要结合特殊学生存在的实际问题进行专业化的分析与指导,让特殊学生在教具、教学器械的辅助下,在资源教师的指导下,获得快乐的体验,健康成长。当然,实现资源教室的长效运行,也需要特殊学校的支持,学校需要在资金方面支持教师的教育,注重定期维护、延长设备的使用年限,在必要的时候加强与特殊学校的联系,向它们借用一些高配置、费用高的器械,带动特殊教育的正常运转。最后,需对资源教室的资源进行整理分类,充分利用各项资源。为学生设立了个性化的 IEP,并开展实用且针对性较强的课程体系。可借鉴资源教室发展较好的国家和地区,尝试在各学段中建设资源教室,接纳各类有特殊需求的学生。

# 第四章 浙江省融合教育的新路径与新模式:以卫星班为例

卫星班(satellite class)是在融合教育理念下,为拓宽融合教育渠道,推进融合教育进程,由特殊教育学校中有条件、有意愿融入普通学校的中度残障儿童少年组建成的班,由特殊学校和普通学校教师共同进行教育评量、制订个性化教育计划、设置适应性课程和开展教学。

当前,我国在大力推进融合教育,把发展普通学校的随班就读和建设资源教室作为融合教育的主要形式。浙江省积极学习国外先进经验,结合本省特点,尝试了融合教育背景下"卫星班"形式的特殊教育,开拓了融合教育新路径,发展了特殊教育的新模式,为"完善特殊教育体系,建立多元安置机制"做出了创举,为其他地区提供了有益借鉴。

## 一、国内外卫星班的概况

### (一)国外

与世界融合教育发展进程一致,澳大利亚融合教育也经历了由隔离到融合的转变。20 世纪八九十年代,澳大利亚一些普通学校开始接收轻度残疾学生,由此开始了融合教育的探索。1992 年,澳大利亚最大的自闭症组织之一"澳洲自闭症谱系网"(ASPECT)在新南威尔士州建立了第一个自闭症卫星班,为自闭症学生进入普通班级做准备。新南威尔士州自闭症卫星班均设在天主教会学校或政府和社区所在学校,其所在学校被称为"东道主"学校(host school)。卫星班根据其地理位置不同,分别由 ASPECT 组织下属的八个"基地学校"(base school)负责管理,同时各基地学校的专业人员也为卫星班教师提供专业支持,为学生提供融合环境的支持服务。

卫星班的招生由 ASPECT 下设的各个基地学校校长负责。招生会议需要家长及"东道主"学校行政人员的共同参与。一般而言,自闭症学生会在卫星班中接受 18 个月左右的以小组学习为主要形式的教育服务。当学生在同伴交往、课堂适应等方面具备相应能力后,便转入对应学区的普通学校。进入普通学校的第一年,ASPECT 基地学校仍会为学生及家长继续提供必要的支持和跟踪服务,也会为接受自闭症学生的普通学校提供相关信息和教育支持,以帮助学生适应全融合的环境。为了监控进入普通班学生的学习,卫星班教师要制定关于支架式教学和自我监控的行为表并做好数据收集,以及为普通学校的教师实施融合教育提供有效的协调与指导。经过 20 多年的发展,卫星班的招生数量大为增加。截至 2015 年,已有近千名残疾学生在基地学校和卫星班接受教育。统计数字表明,95％以上学生能在融合环境中学习并毕业。

目前,关于澳大利亚自闭症卫星班建设成效的调查研究不多,但在 2017 年《新南威尔士卫星班残疾学生及特殊需要学生的调查报告》中,ASPECT 提到"卫星班为特殊学生提供的教育支持服务,在长期效果上取得了十分正面的评价"。研究人员通过问卷和访谈,围绕自闭症卫星班的建设与发展效果,对曾在 ASPECT 学习的 63 名自闭症学生家长进行了深入调查。调查结果显示,这些家长对卫星班项目和转衔支持服务普遍十分满意。

(二)国内

2020 年,教育部等 10 部门联合印发《关于进一步加强控辍保学工作健全义务教育有保障长效机制的若干意见》,聚焦"控辍保学"核心任务,全力保障教育的"起点公平"。

中国在吸纳现代"融合教育"理念后,对特殊教育学生的安置模式开展了多种尝试,随班就读就是其中的一种。目前,随班就读和特殊教育学校、普通学校附设的特殊教育班共同构成中国特殊儿童少年接受教育的三种主要形式。为加强残疾人服务体系建设,建立特殊教育的多元安置机制,让更多的残障儿童少年回归主流学校，逐步让中度残疾儿童少年融入普通学校，获得更好的教育成效。2015年开始，相关省份就着手开展特殊教育卫星班的建设探索。通过卫星班的建设，将进一步完善特殊教育学生安置体系，让更多的残障儿童少年平等共享优质的教育资源，为残疾儿童少年融入社会、适应社会提供必要的条件。

云南是我国少数民族脱贫攻坚主战场之一，始终将"控辍保学"作为教育脱贫攻坚的关键任务。为切实保障残障学生的平等受教育权利，2020年，云南省教育厅颁布《关于做好普通中小学校设立特殊教育班试点工作的通知》，提出"开展普通中小学校设立特教班试点工作，做好重度残疾儿童少年送教上门工作，提高特殊教育学校、普通学校随班就读、特教班和送教上门的运行保障能力"，确保适龄残疾儿童的精准教育安置。跟卫星班在管理上有相似之处的是所开展的"校内半日制"，主要适用于残疾学生人数较少的学校，教学对象是中度残疾儿童。2022年6月，云南又出台了《义务教育控辍保学工作管理规定（试行）的通知》，充分运用互联网和现代信息技术手段，利用动态管理和政府求助两个系统，实现高效精准的"互联网＋控辍保学"工作。

江苏省南京市长期以来高度重视随班就读工作，20世纪80年代就在普通学校开设辅读班推进随班就读。2015年，在南京市率先成立"特殊儿童少年随班就读资源中心"，在区域随班就读制度建设上进行系统思考与深入探索，逐步完善由政府办公室牵头、政府相关部门共同参与的特殊教育联席会议，形成了具有鲜明特色的随班就读运行机制：一是多部门紧密协作机制。定期召开随班就读多部门协调会议，会议一般由教育局小教科牵头，特教指导中心、教师发展中心、区域随班就读学校的具体项目负责人参加。通过加强部门之间的合作与交流，对推进随班就读工作实践过程中出现的问题进行诊断分析、及时化解。二是专家指导机制。成立特殊教育专家委员会，邀请院校教授、省市教科研部门领导及专家等，前来指导区域内随班就读政策制度的拟定，参与课堂教学研究、课题项目论证，为区域内系统构建随班就读运行机制、高质量推进随班就读工作发挥了重要作用。三是评估安置机制。组建评鉴小组，由教育行政、教科研、特殊教育、普通教育、医学、康复、心理等方面的专家组成,对特殊学生的障碍类别和程度进行评估鉴定,并提供康复与教育建议。从实际出发,研制特殊学生"新生入学(园)前评估与鉴定的流程"与"在校(园)学生发现、评估与鉴定的流程",由家长申请或任课教师提供名单,经学校审核后,再由指定医院进行鉴定,区特教指导中心根据评估结果提出教育安置意见,合理安置在适宜学校就读。

在借鉴和吸收国际全纳教育的先进理念和成功经验的基础上,上海市上宁区以"随班就读学生走向有效学习的研究"为抓手,构建区域随班就读支持保障体系,逐步形成了服务于学校、教师、学生与家长的各项工作机制。组建"1+1+X"的教学视导模式,即特殊教育、全纳教育、教育教学、儿童保健、临床心理学等各领域的教育专家和医学专家,组成"1+1"专家评估组,确保每所视导学校都有1位教育专家和1位医学专家参与。教学视导还邀请华东师范大学特殊教育系研究生作为第三方观察团全程参与,帮助总结区域随班就读工作经验及提出改进建议,邀请随班就读兄弟学校的教师代表作为观摩团,促进随班就读学校间的互动交流。从管理、科研教研、教育教学三个层面制定了《长宁区义务教育阶段随班就读工作视导评价表》,每一个评分细则的表述都尽可能清晰明了,让普通中小学明确学校和教师的职责要求。借助教学视导,学校可以进行自我诊断,区域可以了解随班就读整体面貌,规范管理,总结经验,帮助随班就读学校基于现实基础不断提升质量。同时,专家评估组通过听取汇报、随堂听课、查阅资料、与教师和学生及家长进行座谈等方式全面收集资料,了解普通中小学开展随班就读工作情况,并对随班就读学校进行视导评分,总结各所学校在开展随班就读工作中的特色做法,提出进一步发展建议,并通过视导反馈单的形式反馈给各所学校。

但是,国内上述随班就读与卫星班也有所不同。第一,教育对象不同。随班就读学生主要是轻度障碍学生,而卫星班学生主要是特校的中度障碍学生。第二,学生所属不同。随班就读学生是普校的学生,学籍在普校;卫星班的学生是特校学生,学籍在特校。第三,专业支持不同。随班就读的专业支持主要来自普校,特校或特殊教育指导中心提供巡回指导。卫星班的专业支持来自特校和普校两方面,特校教师负责教育教学工作,还有康复教师指导和协助康复训练,卫星班学生也可以回到特校接受康复训练。第四,管理主体不同。随班就读由普校负责管理和实施教育教学活动。卫星班由特校和普校共同管理和实施教育教学活动,其中特校负责个别化教育以及专业管理,普校负责教育教学日常管理。总结起来,卫星班的主要价值体现在以下几个方面。

1.拓宽了融合教育渠道,给特殊教育注入新活力

随班就读的价值在于它提供了融合的学习环境和学习资源,但特殊教育专业支持获得相对困难;卫星班有融合环境也有专业支持,能较好保障融合教育质量。更重要的是,卫星班拓宽了融合教育的渠道,扩大了融合教育的对象,中度残疾儿童能平等共享优质教育资源,为特殊教育发展增添了活力。

2.拉近了普校与特校的距离,影响着教育人对教育的新认识

卫星班首先是特校与普校的"融合",卫星班的管理工作需要两类学校共同参与,共同为障碍孩子提供适合的教育。卫星班模式使融合教育真正扎根于普通学校之中,改变了普通学校领导与教师对特殊学生和特殊教育的认识,进而影响到教育理念的更新,逐步建立"融合校园"的大局意识,从战略高度构建学校融合文化,促进全体师生及家长乃至全社会对特殊儿童的了解、接纳及支持,让"普通儿童"与"特殊儿童"在同一个校园快乐学习、共同成长。

3.促进教育观念转变,引发了对特殊教育学校重新定位的思考

在特殊教育发展过程中,特殊教育学校发挥着重要的作用。卫星班模式的推行,使一部分特殊教育学校的障碍学生有机会融入普通学校。为了适应这种发展,特殊教育学校需要重新思考和定位自身角色与功能,以适应融合教育对特殊教育发展提出的新要求。首先是转变融合教育观念,重新认识特殊教育学校存在的意义。特殊教育学校作为一种安置机构,要与时俱进,要从特殊儿童自身发展与需要出发,遵循融合的理念,变革管理模式,为特殊儿童提供支持服务。在未来特殊教育发展进程中,特教学校要向区域性特殊教育资源中心发展,为本地区融合教育学生、家长、教师、学校及行政管理者提供必要且恰当的支持和服务。其次要不断提升教师的专业水平,提高特殊教

育服务能力。将来,特殊儿童享受的医疗康复服务越来越多,社会对特殊教育的需求也越来越高。因此,特殊教育学校要依托政府支持,改革学校管理机制,不断提升教师专业能力,逐渐丰富学校自身功能,从单一教学功能逐步转为多功能的资源中心。

卫星班是融合教育的一种新尝试、新选择。只要理念到位、保障措施到位、操作实施到位,卫星班就一定能成为融合教育的新常态。澳大利亚新南威尔士州的自闭症卫星班为我国随班就读或者卫星班建设提供了很好的借鉴。卫星班作为一个指向全面融合教育的中转站,可以为目前无法在融合教育环境中得到充分发展的学生提供一个缓冲区域,为他们进入完全融合环境做好准备。目前,我国融合教育尚处于探索阶段,一部分已经鉴定为随班就读学生的学习质量无法得到有效保障,同时中重度障碍学生融合进入普通学校还需要更长的时间。因此,我国的卫星班的建设可以分两步走:首先,解决普通学校中轻度障碍学生随班就读的教育质量问题。卫星班可以通过"小组教学+个别化教育",帮助已在普通班级就读但无法从课堂教学中获益的学生,使其逐步适应普通班级的教学。卫星班教师与普通教师沟通合作,可以对普通教室的教学环境和教学方式方法等进行调整,以保证学生在普通班级环境中能够受益。其次,当轻度障碍学生随班就读的教育质量有所保证之后,可以进一步扩大卫星班的职责范围,将特校的中重度障碍学生通过卫星班的过渡,逐步转衔融入普通学校。中重度残疾学生可在卫星班提前适应普通班的学习环境和学习要求,掌握与普通学生进行互动和交流的核心技能,从而为后续真正进入普通班级随班就读做好准备。

(三)浙江

20 世纪 90 年代中期,浙江省特殊教育就兴起"随班就读"热潮。2004 年开始探索"资源教室"建设工作,并积累了丰富的经验。2012 年颁布了《浙江省关于进一步加强轻度障碍儿童少年随班就读工作的若干意见》,在全国率先提出资源教室设备配置建设标准。21 世纪以来,世界特殊教育以"让特殊儿童少年在最少限制环境下学习并获得最大的教育成效"为主张,向着融合教育发展的趋势愈加明显。作为我国东部沿海地区经济发达省份的浙江省，也正在努力建设和完善与国际特殊教育发展方向相一致的多元安置体系，让特殊儿童少年能融入普通学校，为更好地回归主流社会打下坚实的教育基础。为此，省教育厅颁布《浙江省特殊教育"十三五"发展规划》，提出要"实现融合教育常态化"，"扩大'特教学校＋卫星班'的特教布局"，为全省特殊儿童提供新的融合教育路径，使卫星班成为浙江融合教育发展的一种新模式。

浙江省是全国首个举办卫星班的省份，2017 年浙江省教育厅办公室出台了《关于加强特殊教育卫星班建设工作的指导意见》(浙教办基〔2017〕51 号)，对卫星班建设的总体要求、基本规范和保障机制等进行了规范，依托"卫星班"建立起了"一校多点、两融多支持"的融合教育模式。特殊教育学校对在校学生进行综合评估，安置到相应的健全学校，由特殊教育学校和普通学校教师共同管理、合作完成教育教学任务，推动了残疾学生发展。选择融合或部分融合方式，采取多维支持系统、多项干预措施、多级循环运作的教育策略，为不同年龄段有特殊教育需求的儿童少年提供适宜的教育环境支持服务，帮助他们最大限度地发挥潜能，促进身心发展。

卫星班是一个多阶段、多点融合，从幼儿园到职业教育，涉及多个学段、多个层次及不同性质的学校。从学生到老师、从特殊学校到普通学校，是一个以特殊学校为主体、多维教育合作支持特殊儿童发展的融合教育新形式，在推动残疾人发展中起到了很好的效果。

《浙江省第二期特殊教育提升计划（2017—2020 年）》明确要求，在全省特殊教育学校、随班就读、送教上门、卫星班和辅读班全面实施个别化教育，制订省级个别化教育工作指南，出台工作标准。明确提出特殊教育卫星班建设项目，发展我省融合教育新模式。扩大"特教学校＋卫星班"的特教布局，全省设置特殊教育卫星班达到 100 个。经过 5 年建设，截至 2021 年，浙江省已建有卫星班 150 余个。

《浙江省教育事业发展"十四五"规划》中明确提出："推进融合教育'扩面提质'，扩大轻度残疾儿童普通学校随班就读覆盖面，全面实施'特教学校＋卫星班'融合教育模式。"并奋力实施特殊教育学校加卫星班分布模式建设工程,该工程强调:"'十四五'期间,浙江省需致力于增强残疾学生适应社会的能力,按特殊教育学校加卫星班模式,争取每所特殊教育学校都根据定位发展需要,选择在普通中小学校和职业中等学校建设若干卫星班,实现融合发展。"

## 二、卫星班的构成与实施

### (一)卫星班实验学校的甄选

实验学校是实施卫星班融合教育的基本载体,其选择是融合教育推进的基础。卫星班以就近、适切为原则选择普通学校,义务教育阶段卫星班一般设立在与特殊教育学校相邻的普通学校为宜,也可因地制宜多种模式发展。

### (二)卫星班班级构建

1. 学生

卫星班的学生需要通过学业评估和社会适应能力评估等确定。卫星班学生来自盲校、聋校和培智学校,是在适当支持下能与普通学校普通班级学生融合学习的视障学生、听障学生和培智学校学生(包括中度智力障碍、脑瘫、自闭症)。卫星班学生可以混龄,也可以来自特殊教育学校的不同年级。

卫星班的班额应比特殊教育学校班级的班额小,一般不超过8人。

2. 学校硬件

一般由实验学校提供教室,按照《浙江省特殊教育卫星班设施设备基本配置清单》(见附录5)提供相应和必备的设施设备,同时,在教室内设置学习区、休息区、饮水区、洗手区、休闲区,满足学生学习、生活和休闲的需要。

3. 师资配备

特殊教育学校应根据卫星班实际学生人数,按照《浙江省人民政府办公厅转发省教育厅等单位关于进一步加快特殊教育事业发展实施意见的通知》(浙政办发〔2010〕143号)要求的特殊教育学校师生比配备标准,选派热爱特殊教育事业且专业能力强的骨干教师(简称卫星班特校教师)从事卫星班工作。

4.课程及教学组织

卫星班课程设置立足于学生德智体美劳全面发展需求，强调潜能开发和缺陷补偿相结合。卫星班的课程管理由特殊教育学校负责，每学期应由特殊教育学校联合卫星班所在普通学校一起制订课程计划，排定课程安排表。卫星班应有学生个人课表、小组教学课表、卫星班集体教学课表和普通班级融合课表等多种不同形式的课表。卫星班应根据学生的评估结果选用特殊教育学校课程或普通学校课程。卫星班应为每个学生制订个别化教育计划。

（三）教学实施

考虑学生身心发展特点及能力，采用卫星班学生进入普通班级融合教学，由融合教师实施教学和卫星班集体教学、小组教学、个别教学相结合的方式开展教育教学活动和康复训练。

根据卫星班学生身心发展特点和障碍程度，采用卫星班集体教学、小组教学、个别教学和部分时间走班进入普通班级融合教学等方式，组织开展教育教学活动和康复训练。要尽量考虑让卫星班学生融入合适的年段和班级，参与相适切的普通学校必修课程的学习。

盲校和聋校的学生应首先考虑必修课程全融合、选修课程部分融合的方式；培智学校学生可根据学生情况采用文化课部分融合、活动课程全融合的方式。

视障和听障学生的康复训练由卫星班特校教师负责，部分必修课程的补救性教学和作业的辅导由卫星班普校相关学科教师负责。对视障和听障学生因视力和听力原因造成学习困难较大的部分课程，可由卫星班特校教师随班辅助教学或进行个别辅导。培智学校学生的康复训练和文化课补救教学由卫星班特校教师负责。

**三、卫星班学生融合路径分析**

融合教育并非简单的残障儿童和普通儿童在教育场所中的融合。其包含的是普通教育教学理念、教育环境、教师研讨合作等全教育过程无缝融合，是普通学生和残障儿童在环境需求上的融合,是普通学生和残障学生的教育教学活动的融合,是普校教师和特殊教育学校教师的融合。

(一)理念融合

教育理念作为一种价值判断,以文化氛围和精神力量的形式影响着教师和学生。应全员宣传,树立融合教育理念,结合融合教育思想中的尊重学生差异的理念,为学校教师、学生悦纳卫星班学生营造和谐氛围。

教育应当满足每一位学生的发展需要,在卫星班环境中,普通儿童生活的整个环境,学校、家庭、社区等都对特殊儿童有一种接纳、包容的心态,包括对差异的理解与尊重。所有的成员都被认为是平等的,所有的成员都有机会为集体做出贡献,不管贡献大小都应该受到尊重。因为学生的行为动机大多来源于外部,只有学校、家庭和社会认可,接受特殊儿童,才能真正促使普通学生持续不断地关心和帮助特殊儿童。

(二)环境融合

为保证卫星班学生能够参与、融入学校各项活动,物理环境和心理环境的建设至关重要。在物理环境建设方面,学校建立无障碍设施,为校园内阶梯、厕所安装扶手,便于卫星班学生在校内活动;学生座位安排考虑学生特点,将学生座位安排在易获得协助、环境干扰较少的位置;教室环境布置减少诱发学生分心的因素。在心理环境建设方面,教师通过开设相关主题班会,课堂、课间中促进学生互动,增进学生之间了解,以此营造平等、关怀、互助的心理环境,让卫星班学生在普通学校中找到安全感与归属感。

(三)同伴支持

同伴支持是指在融合教育理念下同在一所学校里的一些学生,经由老师的安排,为特殊儿童提供学习、康复训练和社交等方面的帮助。研究表明,同伴支持策略能够不受课程内容、教学方式的限制,是一种实施方便、经济有效、节约时间的做法,且适合于不同能力水平的学生。学龄儿童同伴作用的研究显示,"处境不利儿童从能力较强同伴处获益最多"。社会技能主要通过模仿习得,残障儿童需要有更多的机会模仿同龄正常儿童所表现出的社交行为，可接受的、与年龄相适应的行为同伴在儿童的成长过程中有着不可替代的作用。

在融合班级中，同伴可以成为残障学生的模仿对象、社会互动的促进者、适当技能的教导和提示者、人际冲突的调节者，以及行为表现的监控和回馈者。残障儿童和普通儿童的交往、沟通是提升残障儿童社会交往能力的重要途径。卫星班工作通过课程的融合初步建立起卫星班学生与普通学生的同学关系。之后通过融合教师引导普通学生欣赏差异，了解残障儿童需求，和残障儿童结成助学伙伴。卫星班教师则组织融合活动，引导残障学生在课余时间邀请普通儿童进入卫星班教室一起做手工、看书、午餐，帮助普通学生和残障儿童建立友谊。

因此，如何构建有效的同伴支持体系，切实促进双方共同发展，逐渐成为卫星校就读学生管理中越来越受重视的问题。

（四）教师融合

普通教育教师和特殊教育教师建立合作伙伴关系是实施卫星班融合教育的关键因素。在卫星班工作中，特殊教育教师和普通学校教师组成团队，共同参与对卫星班学生的评估、融合班级的确定、教育计划的制订、教育计划的实施，共同分担教学责任。

卫星班着力打造"教学＋"复合型师资团队。其中义务教育段卫星班师资团队由班主任、学科教师、指导教师、康复教师组成，职业教育卫星班师资团队由班主任、行业大师、专业教师、辅助教师组成。同时协调教育专家、医疗专家、康复专家、企业行家及社会相关专业人士等介入、积极指导，形成社会支持合力，确保卫星班就读学生的融合效果。

**四、卫星班的多维支持系统构建**

（一）政策支持

浙江省各地在开展卫星班融合教育的实践中，构建了多维并具有地方特色的政策支持体系。如杭州聋人学校组织多校及相关行政力量，构建了"三组六团队"组织保障系统。设立由多校校长、分管副校长和中层职能部门成员组成的"卫星班"工作指导小组，下设保障协调组、评估鉴定组、教育教学组，形成垂直指挥、协同管理系统。保障协调组主要由多校教学处、学生处、总务处成员组成，职责是多方沟通协调设施设备的配置、后勤保障及经费开支等，建有技术支持团队、后勤服务团队；评估鉴定组由听能管理专家、心理辅导教师和相关学科教师组成，职责是开展听觉、语言、心理、学业水平和社会适应等方面评估，确定学生名单，安置到相应的卫星班试点，跟踪评估融合效果，进而转衔安置，建有评估安置团队；教育教学组主要由班主任、任课教师、指导教师和康复教师组成，负责卫星班学生的管理、教学、康复、辅导等工作，建有补偿教学团队、言语康复团队、学生管理团队。

同时，制定相应工作制度。一是校际联席会议制度，每学期召开一次；二是教学研讨会制度，定期召开；三是家校座谈会制度；四是学情分析会制度，期中、期末各召开一次，主要由卫星班指导老师牵头，根据各单元测试情况、作业和期末测试等情况，做学情分析，指出问题并提出改进措施。另外，还制定了学生学习手册管理制度，并修订了《杭州聋人学校课时量标准及实施方案》，明确卫星班相关工作人员的工作量认定标准和相应待遇。总之，从政策、制度、资金、人员等方面强化了行政推动和教科研促进。

（二）环境支持

卫星班的环境建设要求应根据《特殊教育学校建设标准》（建标156—2011）、《特殊教育学校建筑设计规范》（JGJ76—2003）、《中小学校设计规范》（GB50099—2011）以及《无障碍设计规范》（GB50763—2012）等相关规定严格实施。室内装修及设备配置应由专业设计师、特殊教育学校以及其他专业人士协商后确定。此外，卫星班的功能分区须根据学校的实际需求进行设置，一些资金暂时短缺、条件不够宽裕的学校可利用现有条件，因陋就简地开办教学区、康复区和活动区，利用有限的空间突出学习辅导和咨询的功能，发挥卫星班的部分核心作用。结合建设卫星班的实际需求，其功能分区可划分为三大区域：主要教学区、康复训练区和融合活动区（见图4-1至图4-3）。教室具体面积可在统筹上述三大区域的功能规划中有所差异。在具体的实施中，要考虑功能与效益相统一,注意以下几点。

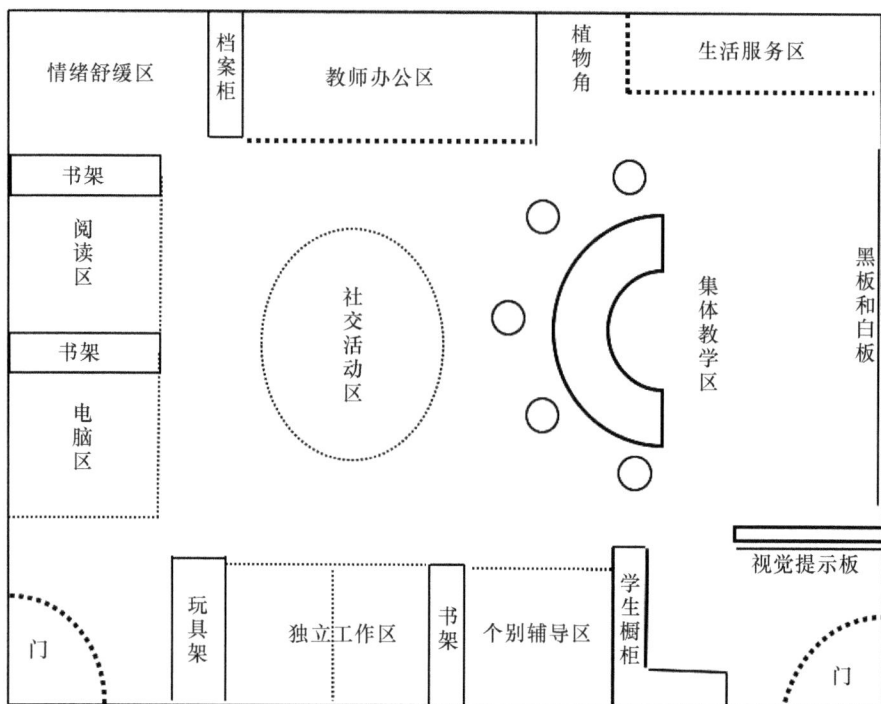

图 4-1　卫星班主要教学区功能划分

注:方案转自七维教育。

第一,调整物理环境。增设卫星班专用教室,该教室具备学生学习、康复、学业支持、咨询、个别化教育实施及学生档案管理,以及为教师提供理论和技术支持等多种功能。

第二,营造心理环境。注重教师引领、同伴支持、家长协作,使特殊学生在班级中能够被其他同学认同、接纳、尊重,并产生正向的沟通和互动,体验到群体的归属感,发展潜能,实现自我。创造融合性教学环境,特殊学生座位安排在教师易关注、同伴易交流、能看到教师口型处,教室布置时考虑到能增进学生多元信息的接收和学习,并要求普校与特校教育者相互配合、交流,共同备课上课。关注家庭融合环境的创设,建议义务教育卫星班学生晚上不住学校,回归家庭,多与家人进行沟通交流。

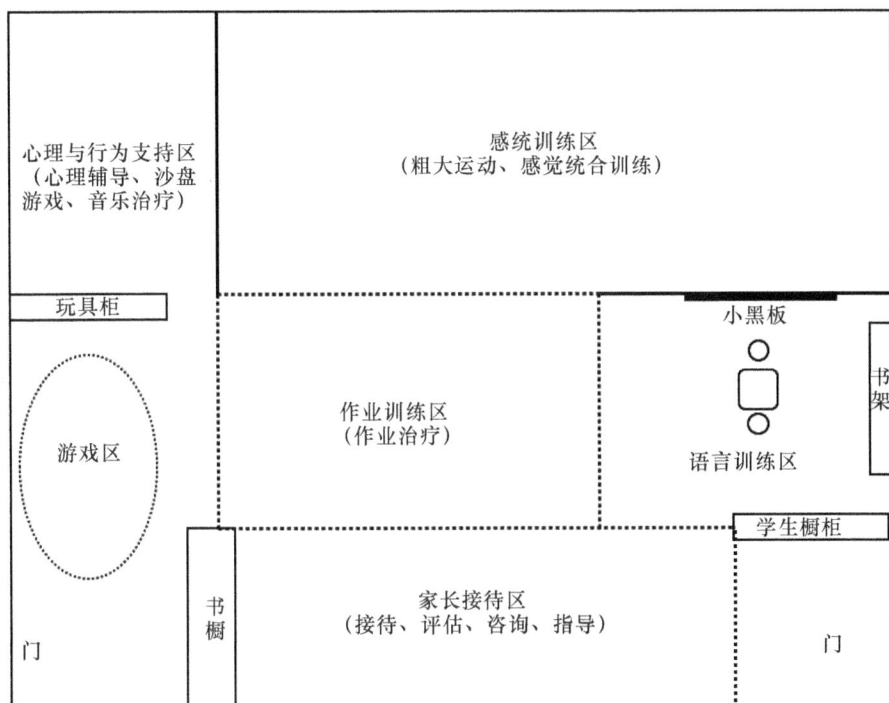

图 4-2　卫星班主要康复区功能划分

注:方案转自七维教育。

第三,运用辅助性科技。如杭州市下沙二小卫星班配置了助听设备、康复设备;中策职校卫星班教室就是中式面点专用教室,配置了现代化的烹饪教学设备和视频教学设备,专业功能强大,易于视觉代偿和进行同伴教育。

(三)课程支持

《浙江省教育厅办公室关于加强特殊教育卫星班建设工作的指导意见》指出:"卫星班应根据学生的评估结果选用特殊教育学校课程或普通学校课程","要尽量考虑让卫星班学生融入合适的年段和班级,参与相适切的普通学校必修课程的学习"。在具体谈到卫星班课程整合与支持策略时,张彩凤提出了"减量"策略、"简化"策略、"分解"策略、"补充"策略和"替代"策略。

"减量"是指根据学生特点,减少普通学校的课程内容或者减少学习材料

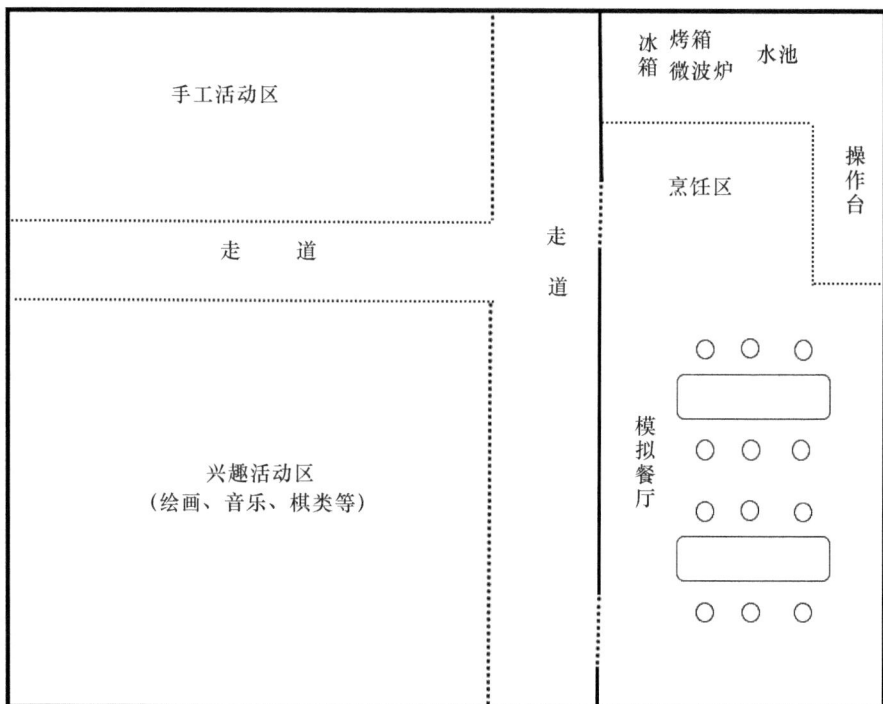

图 4-3　卫星班融合活动区功能划分

注:方案转自七维教育。

的数量,从而在学生的最近发展区内,保证他们学好最基本的知识、技能。例如,卫星班学生语文学科,可以采用大部分课时融合在普通班学习、小部分课时在卫星班接受小组教学的形式,教学普通小学语文课程。根据卫星班每位学生的学习能力,将普通小学语文课程内容进行"减量"调整,以满足每位学生的学习需要。以学习一年级上册语文课程为例,全册共有识字 10 篇、汉语拼音 13 篇、课文 14 篇,教师可以根据卫星班每位学生的接受能力,删除汉语拼音的教学,选择识字 10 篇、课文 14 篇供学生学习。与普通学生相比,减少了学习数量。

"简化"是指降低课程难度,即所谓"同教材、同进度、异目标"。教师在调整课程内容的深度和难度时,应注意保持课程的逻辑体系,使用恰当的教学策略,化难为易、深入浅出,帮助学生更好地掌握知识和技能。如二年级上册《葡萄沟》一课,普通学生教学目标中的一条是"能按要求默读课文,做到边读边想。默读一段话后,能画出表示这一段话主要意思的句子",而卫星班学生相对应的目标是"能默读课文一遍"。在教学过程中,教师不仅可以简化课程目标,还可以简化教学内容。在课文的学习方面,有的课文篇幅较长,卫星班学生理解起来十分困难,因此教师可以对课文进行"简化"调整,降低学习难度。

　　普通学生一节课就能达到的目标,卫星班学生可能需要多学几个课时才能达到。因此,教师可以将教学目标分解成若干个小目标,让卫星班学生逐步学习,进而完成所有教学目标,这就是"目标分解"策略。即卫星班学生与普通学生学习基本相同的课程内容,达到基本相同的教学目标,但是学习的进度不一样。如教学一年级上册语文《影子》一课,普通学生第一课时教学目标有:能认识 11 个生字,会写"飞、马、猴"3 个生字……教师根据卫星班学生实际水平,可以将整个目标进行分解,变成三个小目标,即"能认识 5 个生字""能认识 6 个生字""会写 3 个生字"。卫星班学生除了在普通班上学习该课外,还通过小组教学、个别辅导等形式进行学习,以达到以上教学目标。

　　卫星班学生智力受损,表现最明显的是抽象思维能力弱。如果选用普通小学数学课程到普通班接受融合教育,对于卫星班学生来说难度太大。卫星班学生与特教学校学生相比认知能力又相对较好,如果选用特教学校数学课程,又会出现"吃不饱"的现象。因此,卫星班学生的数学教学可以采用小组教学的形式,以《培智学校义务教育生活数学课程标准(2016 年版)》为依据,以培智学校生活数学课程学习为基础,整合普通学校数学课程,"补充"学生生活中经常用到且能掌握的内容,使学生得到最大限度的发展。需要强调的是,教师在选择普通学校课程资源作为卫星班学生补充学习内容时,需要进行必要的改编。

　　教师在选择普通小学数学课程内容作为卫星班学生的补充学习材料时,不能全部照搬,除进行教材改编外,还可采用"替代学习"的方法。即在普通课程的基本框架下,由于学生的特殊教育需要,用功能性的课程内容替代学科性的课程内容。例如，有的卫星班学生数概念较差，在学习10以内减法计算时，不会口算，则可以调整为借助小棒或者手指等直观计算来代替原有的口算目标。再如，在学习百以内进位加法和退位减法时，可以把它调整为使用计算器进行计算。

　　总之，卫星班课程调整要以学生特殊教育需求为依据，运用"减量""简化""分解""补充""替代"等策略来调整普特学校课程内容的数量和范围，以适应卫星班学生学习的需要，让学生得到最大限度的发展。

### 五、浙江多地开展的探索之路

#### （一）杭州经验

　　杭州文汇学校（原杭州聋人学校）自2015年3月起在杭州市下沙第二小学等小学开展听障学生融合实验，编制了卫星班支持性课程纲要，以"大课＋小课"的形式实施支持性课程，发挥融合教育的核心功能。杭州文汇学校与设立卫星班的普通小学组建融合教育教师团队，以普通小学语文、数学课程标准（2011年版）为蓝本，比照聋校义务教育语文、数学课程标准（2016年版），围绕聋生学习能力进行调整（删减、变换、增加、侧重），编制了《卫星班支持性课程纲要》。《卫星班支持性课程纲要》主要包括前言、课程目标与内容、实施建议三部分，内容可行性较强。如《卫星班语文支持性课程纲要》教学建议中，提出要充分发挥双师合作教学的主动性和创造性，努力体现语文的实践性和综合性，重视心理、交往、价值观的正确导向，重视培养听障学生勤奋学习的精神，遵循听障学生的身心发展规律和语文学习规律选择教学策略；评价建议中，提出要充分发挥卫星班语文支持性课程评价的多种功能，运用多种评价方式全面反映听障学生语文学习水平，促进评价主体的多元化，突出卫星班支持性课程评价的专项性和综合性。

　　围绕《卫星班支持性课程纲要》这一核心，下沙第二小学的卫星班教学形成了较完整的方案，也形成了融合质量有保证的卫星班支持性课程的操作流程，从入学评估到进班观察，再到大、小班干预，最后再进行监测评估的完整课程操作体系。

融合教师团队依据普小入学测试和听障学生的身心特点编制了聋健融合学生综合素质考查单，组建了评估团队，对学生进行入学评估。综合素质考查单中的每一个区块分别由相关专业教师选择评估内容、制定评分细则、统计评价结果，卫星班班主任负责整合。其中，听觉与构音评估听障学生语言发展的基础能力；阅读能力评估涵盖听能、信息量、生活经验和主动获取语言的能力；数学运用、观察判断、动手操作对应了普小数学、科学、美术等学科所涉及的能力；体艺感知涉及身体素质和艺术审美的能力；心理评估是特别重要的一项，融合教育环境中，听障学生会遇到各种各样他们不能理解或者无法认知的事情，因为沟通的障碍，若得不到及时的帮助，他们的情绪和学习动机都会受到很大干扰，心理老师评估的预见描述便于在融合过程中早期干预，发生问题时也能及时采取有效的干预策略。

卫星班班主任和任课教师使用进班观察记录表有计划地进班观察。其中，班主任观察的时间不固定，主要观察学生一日学习生活的各项内容，包括升旗集会、早读、课间十分钟、午餐、午睡、广播操、大课间，以及春秋游、社区社团活动等。观察侧重于听障学生的自我管理能力、同伴交往能力和集体合作的行为品质。尤其要关注听障学生的心理健康，了解听障学生每天在学校的心情和行为表现。遇到问题，卫星班班主任会及时与其所在融合班班主任沟通，及时给予听障学生关心和帮助，并及时与听障学生家长沟通。

卫星班任课教师进班观察与通常的听课是有很大区别的。卫星班教师进班观察的任务主要有以下几方面：一是对集体课进行干预。观察普小教师能否关注到听障学生，以及普小教师特殊教育方法的使用情况。二是了解听障学生的弱项。观察听障学生对教师的口头指令作出的反应是否与普通学生的节奏一致、一堂课举手发言次数、小组讨论参与度如何，以及课堂作业的正确率水平。三是集体课中聋校教师需要做哪些干预。比如：建议普小教师把阅读思考的主要问题在课件中用文字表示出来，指导普小教师掌握一些特殊教育方法；教授听障学生转动身体、追随老师、眼耳协同、借助同桌等听课的方法。四是搜集个别化教学资料。记录听障学生课堂学习困难的知识点，哪些能力比普通学生弱，优势又在哪里。例如：当语文集体课中观察到一名三年级听障学生推理解释的阅读能力较弱，那么卫星班教师则选择匹配的阅读训练材料进行教学，教学目标参照《卫星班支持性课程纲要》。

聋健融合实施"大课＋小课"的教学模式，大课为听障学生进入普通班进行的集体融合课，小课为在卫星班内开设的语言康复课、个别化辅导课和小班集体辅导课。卫星班课堂教学与集体融合课相互关联，学生整体发展靠大课，维持学生大课稳定参与则靠小课支撑。其中，一年级学生全课程融合。四、五年级的孩子因为半途中开始融合，英语课和音乐课均难以进入集体大课学习，就进入卫星班进行一对一个别化辅导。每天在普小下午第二节课结束后，卫星班的学生全部回到卫星班接受小班集体课辅导。一周四天，语文数学交替各两天，语文老师兼康复教师，每周一节，因学生个体需要提供集体语训或个训。笔者根据卫星班教师制订的语言康复、语数学科的个别化和小班集体教学学期教学计划，整合普校每个融合班的课程表和文汇学校教师个人课表，与下沙第二小学教学处共同编制出卫星班课程表。

此外，卫星班教师还结合学生的学业测试和融合调查，以融合心理、学习品质、弱项进步的成绩作为学生综合素质评定内容，并进行融合成效比较，为下一步教学提供资料。

（二）温岭经验

温岭市融合教育以卫星班运行为载体，采取"制度先行，奠定发展基础""弹性学制，启动发展脉搏""多元课程，构造发展心脏"等卫星班学生随班发展策略。通过招"五类学生"、聘"五融教师"、设"五类课程"、依"五套教材"、培"五能少年"等系列措施，让卫星班试点学校学生与普通学生共同发展，共同进步。

1. 就近入学，招"五类学生"

学生参与是实施融合教育的重要目的。依照义务教育招生政策的就近入学原则和温岭市阳光招生政策，遵照家长同意、学生愿意、接送方便的原则，泽国三小卫星班（试点学校）的学生来源主要有：户籍在牧屿片的特殊教育学校就读学生（义务教育学区范围）；户籍在泽国镇范围内的特殊教育学校就读学生（随班就读中心学校管理范围）；泽国三小送教上门的学生；泽国三小中度残疾的随班就读学生；校区内中度残疾的随班就读唐氏综合征学生。

2. 按需配资，聘"五融教师"

教师作为教育的主体，在融合教育中扮演着"融合者"的角色，肩负着"融合者"的使命。教师是融合教育的执行人，也是融合教育的行动者，履行"融合者"职责与使命的程度，直接影响融合教育的质量，甚至决定着融合教育的成败。卫星班的教学由首席资源教师、专职资源教师、特教专业教师、热心特教教师、特教跟班教师来共同完成，目前市随班就读指导中心已分配2名特教专业的教师在泽国三小。教师既有分工，又有协作，同时对卫星班学生"传道、授业、解惑"，弥补教师间的个体差异，发挥专业特长和优势，达到效果最优化。

3. 因材施教，设"五类课程"

"五类课程"主要包括融合课程、康复课程、个训课程、开心课程和疏导课程。融合课程是实施普特融合教育的载体，学校为卫星班学生制定了浅显易懂、情境丰富的选择课内容，注重在体育、美术、音乐、劳技等操作性、活动性强的学科中开展融合教学。康复课程板块中学校配齐配足感统训练器材，选派特教专业教师外出参加感统训练培训，为每一位卫星班学生量身定制感统训练课程。个训课程主要是口语训练和简单生活化数学，进行日常生活交际用语的辅导或借助计算器等工具进行数学生活化的应用，在讲解中做到口语与形象示范相结合，语言表达与态势表情相结合。试点学校开设多门开心课程，如：富有地方特色的鞋艺小匠、玲珑纸艺；蕴含生活常识的淘宝e站、知味小屋；体验日常礼仪、生活自理的童心小筑；进行手工操作的创意工坊、塑形淘吧、奇幻彩泥；感受农耕体验的开心农场课程；将环保制作与科技创新相结合的乐色梦工场。在疏导课程中，围绕绿色评价要将阳光洒到每一个孩子的心灵深处，培养孩子正直、善良、勤奋、进取、自信、阳光的品格，而这样的努力方向是每个学科都应该关注的问题，因此在评价指标和课程选择上，将孩子面对困难的态度、合作的态度、与人交往的态度等纳入其中。这样持续不断地正面引导，促进他们健康、阳光地成长。

4. 有序教学，依"五套教材"

"五套教材"主要是指融合教材、技能教材、康复教材、个训教材和疏导教材。

学校按照卫星班学生的实际接受水平选择适合的随班融合教育教材,包括人教版和浙教版的各科教材,如语文、数学、音乐、美术、信息技术、体育、科学等。在技能教材中主要为学校自主开发的《开心课程》系列教材,内容涵盖劳动技能(开心农场)、生活自理(童心小筑、雅行礼居)、模拟生活(淘宝 e 站)、生活体验(知味小屋)、手工制作(创意工坊、塑形淘吧、奇幻彩泥)、地方产业(鞋艺小匠、玲珑纸艺)、环保制作与创新科技的融合(科技 e 家)和特殊教育学校开发的劳动技能教材。学校根据学生情况选用感统训练教材(动感地带、玩转多米诺、感统训练)以及感统训练评估体系。根据学生的特殊需求,试点校和特殊教育学校联合研究开发了口语和数学教材,体现了口语化、生活化的特征。学校还选用心理辅导和心理游戏教材,包括沙盘游戏、心理游戏等。

5.学有所成,培"五能少年"

让每个特殊需要学生迈出校门,最后融入社会,利用自己的一技之长,依托"互联网+",成为名副其实的自然人,开启就业创业的新途径,是每个融合教育学校和融合教育工作者奋斗的目标。学校融合教育努力的目标,是培养"五能少年",即能健康生存、能生活自理、能独立生活、能自力更生、能就业创业,这也是开心娃、资源教师的共同梦想。

(三)湖州经验

作为国家特殊教育改革试验区,湖州市成立了由分管副市长为组长、多部门领导为组员的特殊教育工作小组,重点在医教结合、送教上门等方面创新实践,积极构建区域特殊教育改革发展支持体系,围绕"推进医教结合、深化课程改革、提供优质服务、促进全面发展"的目标,以实施《湖州市国家特殊教育改革实验区方案》为中心,开展各项工作。

1.构建"支持与参与"管理网络

2015 年 7 月,湖州市出台了《湖州市特殊教育提升计划(2015—2017年)》,提出了全市特殊教育事业的目标与任务、措施与项目,进一步明确教育、编办、发改委、财政、民政、人社、卫生计生、建设、残联等九个部门的职责,为全面深化特殊教育改革、促进特殊教育事业全面健康发展提供政策保障。

　　其中"特殊教育四送合一、医教结合实验项目"是湖州市着力推进的项目之一。湖州市要求整合教育、残联、卫生计生、民政等部门资源,协调推进"四送合一"项目建设,即教育部门组织"送教上门"、残联组织"送康复上门"、卫生计生部门组织"送医上门"、民政部门组织"送温暖上门"。组织特殊教育学校开展医教结合实验,整合卫生计生、教育资源,探索医教结合特殊教育模式,为残疾儿童少年早期干预、早期康复服务。

　　为加快推进特殊教育改革试验区建设,2015 年 8 月,湖州市教育局联合市卫计局、市残联、市民政局制定了《湖州市"国家特殊教育改革实验区"实施方案》,就实验区六大项目实施作了具体部署。为了有效推进残障儿童随班就读工作,湖州市于 2014 年启动资源教室建、管、用、评四环节实施工程项目,经市教育局和市特殊教育指导中心审核后,确定湖州市凤凰小学等 19 所学校为市随班就读试点学校,吴荷瑛等 19 人为首席资源教师,陈正红等 10 人为特殊教育专家指导团队成员,定期指导随班就读和送教上门工作。

　　湖州市特殊教育指导中心依托市特殊教育实验学校、市教育康复学校组建康复巡回指导教师团队,由物理治疗师(脑瘫康复训练)、语言治疗师、动作治疗师、游戏治疗师等组成,主要协助特教学校送教教师和随班就读资源教师对特殊教育需要学生进行各项专业评估,定期到现场指导教师开展送教上门、随班就读工作,指导送教教师和随班就读资源教师如何积累个案的各种资料,开发适合学生的个别化教育课程,进行有针对性的康复训练。湖州市现已逐步构建了由行政支持、专业团队支持、特殊教育指导中心参与、普通学校参与的区域管理网络。

　　2.积极发挥科研引领作用

　　湖州市特殊教育发展坚持以教学为中心,以科研促教学。通过科研课题研究,进一步提高全市特殊教育教师的专业水平。市特殊教育指导中心开展浙江省教学研究系统立项课题"对随班就读学生有效实施个别化教育的实践研究",指导吴兴区、南浔区资源教师为随班就读学生制订个别化教育计划,实施个别化教育。其中南浔区采用随班就读"双轨制",即常态课中,教师、同学双关注;补救课中,学校、家庭双服务;培养方向中,文化知识、兴趣特长双重视，从而为学生将来的发展打下扎实的基础，为全市随班就读工作的深入推进，起到了很好的示范引领作用。

湖州市积极开展"医教结合"研究，市特殊教育指导中心、市教育康复学校、市特殊教育实验学校分别成功申报有关省级立项课题。目前，湖州市已形成了两种模式：一是依托高校专家指导的医教结合模式。如湖州市教育康复学校参与了中国教师发展基金会组织的全国特教师资培训基地建设项目，与华东师范大学合作，通过线上 YY 语音、线下康复云在线观看视频教学，学习言语、听觉、语言、认知、情绪行为、学习、运动等七大板块理论知识，并通过"智慧康复"，实现教学资源多点共享，实现"云教育""云康复"和"云教学"。二是特殊教育学校与医院的合作。如湖州市特殊教育实验学校与市第一人民医院合作建立了"医教结合"实验基地，将康复医学和特殊教育有效整合，从而相互补充、各施所长。

3. 打造"送教上门"本土特色

湖州市遵循"家庭自愿、定期入户、送教上门、免费教育"的原则，为无法到校上课的重度、多重障碍适龄残疾儿童少年实施送教上门服务，确保重度残疾儿童少年受教育的权利。德清县积极组织协调、深入推进"送教四合一服务共同体"建设：教育系统负责"送教上门"、卫生计生系统实施"送医上门"、残联开展"送康复上门"、社会家庭组织"送温暖上门"。安吉县积极探索医教结合背景下的"132"远程送教服务模式，助力重度障碍儿童发展。"1"指"一个核心"，即远程送教服务以重度障碍儿童生活需求为核心。"3"指"三种形式"，即以同步课堂、视频录播、入户指导三种形式为不同障碍程度、不同家庭背景的重度障碍儿童提供远程送教服务。同步课堂指利用现代多媒体手段，让重度残障儿童与特殊教育学校的学生一起上课，教师通过视频与在家中的重度障碍儿童互动。因为有视频和麦克风，学生可以回答教师在课堂中即时提出的问题，教师也可以对学生的表现进行即时评价。这种远程服务形式适用于下肢瘫痪而认知情况较好的儿童。视频录播让家长通过反复播放视频对脑瘫儿童进行反复训练，保证了训练的量；量变必然产生质变，提高远程送教服务的效果。入户指导是指根据就近、方便、适宜的原则，招募一批有责任心、有爱心和耐心的志愿者,让志愿者和送教上门对象结对,通过对志愿者的培训,让志愿者了解结对对象的基本情况和需要的服务,每周定时到结对对象家中提供志愿服务。"2"是指"二维评价",即服务对象满意度评价和服务对象生活目标达成评价。

4.大力推进以"融合"为目标的卫星班建设

南浔区教育局依托市特殊教育实验学校在长超小学建立了首个卫星班,协同开展特殊学生的"义务教育卫星班+融合实验"。由特殊教育实验学校派专职教师任教、长超小学教师共同管理的模式,不仅可以为卫星班的儿童提供专业的支持服务,而且也能让孩子在融合的教育环境中接受普通教育,还能为普通学校增添一份包容与关怀。面对残疾类型多样化、教育教学专业化、供给方式多元化、教育资源融合化等新趋势,今后,必须坚持以问题为导向,以改革创新为动力,以更大的决心、更多的投入、更有效的举措,深入推进国家特殊教育改革试验区工作,在深化教育领域综合改革的进程中,推动特殊教育事业更好更快发展,努力与其他类型教育同步实现现代化。

(四)桐乡经验

为深入贯彻落实《残疾人教育条例》《浙江省特殊教育"十三五"发展规划》,建立特殊教育多元安置机制,让更多残障儿童少年回归主流学校,2017年,桐乡市实验小学教育集团春晖小学成立卫星班,该班主要从制度、环境、协同教学等层面开展一些探索性的工作。

1.保障管理机制,打造融合框架

针对普特两校管理整体架构的新要求,卫星班必须有清晰的顶层设计,才能明确分工,职责到位。

春晖小学与特殊教育学校仅一墙之隔,根据"就近入学"原则,在春晖小学设立卫星班,经普特双方多次协商,充分理解浙江省教育厅办公室《关于加强特殊教育卫星班建设工作的指导意见》精神,签订合作协议,明确各自责任,在卫星班的设立标准、师资配备、行政管理、业务管理、课程组织等方面达成一致意见。同时,根据《浙江省特殊教育卫星班设施设备基本配置清单》抓好硬件建设,配备粗大动作训练、感觉统合训练等设备。

卫星班业务管理由特殊教育学校牵头,成立由特殊教育指导中心主任、两校校长、分管副校长、教务主任、政教主任、总务人员、资源教师、相关班主任组成的卫星班工作小组。该小组下设保障协调组、评估鉴定组、教育教学组,形成垂直指挥、协同合作的管理系统。

保障协调组主要由两校教学处、学生处、总务处成员组成,职责是多方沟通,协调设施设备配置、后勤保障及经费开支等;评估鉴定组由特殊教育学校康复教师、心理辅导教师和普通学校相关学科教师组成,职责是开展语言、心理、行为、学业水平和社会适应等方面的评估,为融合学生建立个人档案,记录学生成长过程,决定卫星班学生的融合年级和走班融合学科,跟踪融合效果。为更高效地开展卫星班工作,工作小组制定相关制度:一是普特联席会议制度,每学期召开一次;二是教学研讨会制度,不定期召开;三是家校座谈会制度;四是学情分析会制度,期中、期末各召开一次,主要由卫星班资源教师牵头,根据测试、作业等情况,做出学情分析,指出问题,并提出改进意见。

2.营造融合氛围,优化生态环境

卫星班不仅仅是特校与普校的融合,更是教师、学生、家长之间的融合。首先管理层要有融合意识,其次负责执行融合的教师、普通学生、普通家长也需要有融合观念,普特两校采用"走进去、带出来,由双向流动到逐步融合"的方式,在多方协同模式下,使卫星班学生的学习生态环境得到不断优化。

特教学生主要以中高度智力残疾学生为主,还包括脑瘫、自闭症学生,要在普通学校建立卫星班,对普通学校的教育教学是个挑战,对普通学校教师的思想认识更是个挑战。为让普通教师的思想得到转变,在卫星班启动的初始阶段,特殊教育学校与春晖小学组织相关教师走进对方的学校与课堂,增进对彼此学生的了解,逐步建立"融合校园"的大局意识。

让特教学生进入普通学校就读,双方家长都有一定的顾虑。特教学生家长最担心的,是孩子在新的环境里得不到尊重,受到排斥,被其他家长各种"投诉"。教师们通过政策宣传、家长会等模式进行家校沟通,让特教学生家长了解卫星班建设模式,使其放心并同意孩子进入卫星班学习。

通过融合案例分享、现场答疑等形式，普通学生家长的观念也发生了转变，并反馈了一些心得体会。他们感受到，融合不仅仅是对特教学生，对提高自己孩子爱的能力、尊重意识等也有很大的促进作用。

评估小组决定将卫星班设在春晖小学三年级，将"关爱特教学生、伸出友爱之手"作为该年级德育主题，增进普特了解，营造大爱氛围，借助游戏、文艺表演、手工制作等实践活动，让学生互相认识，学会理解和接纳，接受生命的多样性。

3. 协同合作教学，提高融合质量

针对卫星班学生的学习基础及多元需求，工作小组设置了不同目标、不同形式的教学内容，实行一人一课程、一生一课表，通过合作教学和个别化教学等策略，实现从文化课全融合到技能学科全融合。

普特双方决定对音乐、体育、美术、综合实践等操作性较强的学科进行全融合，特教学生分别进入三年级相应班级和普通学生一起学习。在磨合阶段，对于特教学生来说，尽管在课堂常规、学习兴趣等方面都表现良好，但对普通学校的教学方式、教学环境会有些许不适应，互助小组及时给予帮助和支持。

在技能学科全融合的基础上，根据对特教学生的社会适应能力、感觉统合能力等方面的评估，选派康复教师进行有针对性的康复训练，制订个别化教育计划。普通班级融合课表、个人课表、小组学习课表不断完善，进一步提升特教学生在普通学校学习的规范性。

教师通过小组教学、个别教学补偿学生缺陷，改善特教学生感统失调、言语障碍等状况，同时开设个训课程，主要指导学生学习生活知识，学会具体情境中的沟通与表达。评价遵循定性定量相结合的原则，以个别化教育计划和目标为主要依据，以多元综合评定为主要方式，使用无歧视性评估工具，开展学生发展性评价。学业评价在普通学校日常单元检测和期中、期末统一测试中落实，社会适应评价则在日常生活管理中落实。评价维度主要有品德、学业、语言、心理、运动、技能、习惯、社会适应等，评价结果主要用于发现问题、调整计划、转衔安置，促进学生成长。

# 第五章　融合教育质量评价与保障体系：概念、实践及对浙江省的启示

　　教育质量评价是当今国内外教育改革与发展的重要议题，是对教育目的与结果之间匹配程度的一种事实和价值的评判。评价体系包括对教育质量和教育职能（管理）两个方面的评价。教育质量究竟是"好"还是"坏"、是"高"还是"低"、是"靠近"还是"背离"了教育目的，都需要基于特定的标准做出判断。"科学"标准成为教育政策制定和教育决策的首选，也构成当代教育质量评价的根本取向，为确定教育方针和教育计划提供依据，也是学校管理的重要手段。

　　2020年10月，中共中央、国务院印发《深化新时代教育评价改革总体方案》（简称《方案》），明确指出："教育评价事关教育发展方向，有什么样的评价指挥棒，就有什么样的办学导向。"《方案》的出台释放出一个信号，即我国教育改革开始进入"评价时代"，以评价改革引导教育高质量发展成为新时代教育改革的重中之重。这对于目前正在蓬勃推进的融合教育改革来说同样极具指导意义。有什么样的融合教育评价机制，就有什么样的融合教育办学导向。但融合教育实施过程中仍存在一些问题与挑战，例如专职资源教师缺乏、普通教育资源分配不合理等。近年来，融合教育发展的重心开始从残疾学生在普通学校"有学上"向"学得好"转变，即研究者逐渐将研究焦点转向普通学校的融合教育质量的评价问题，这是决定融合教育发展方向与发展水平的关键问题，也是有效破解当前融合教育实践难题、实现高质量推进的重要前提。

## 一、融合教育质量界定

教育部 2022 年印发了《特殊教育办学质量评价指南》,提出加快建立以适宜融合为目标的特殊教育办学质量评价体系,为特殊儿童提供更好、更高质量的教育。融合教育质量是一个相对的概念,有着广义和狭义之分。广义上的融合教育质量包含两大维度:一是教育质量,即确保所有儿童接受高质量的教育。让每一位孩子都享有优质公平教育,推进优质教育均等化,努力营造没有差别、没有分类的融合教育环境。二是个别化的实践和支持,即保障特殊儿童接受适合自身发展需要的有质量的融合教育。上述两个维度之间存在紧密的联系,前者是后者的前提条件,后者是前者的目标任务。而狭义上的融合教育质量主要是指满足特殊儿童需要的个别化实践和支持,因为个别化的实践和支持是融合教育有效实施的关键因素。

尽管教育质量对普通幼儿的发展产生了重要影响,但是在融合环境中,改善普通儿童教育质量标准并不足以满足特殊儿童及其家庭的需要,这也正是教育质量有限适用性的体现。因而,如何界定融合教育质量,应该提供怎样的个别化实践和支持,成为检验融合教育质量的关键,国内外学者分别从三个不同的角度开展了相关的研究。

第一,以布朗芬·布伦纳的生态系统理论为依据探讨融合教育有效实施的关键因素。布朗芬·布伦纳的人类发展生态学建立在对发展心理学的传统模式的批评之上,他认为个体或群体是在相互作用的多元系统中发挥其功能作用,因此应强调这些元系统的整体性研究。他发现影响融合教育有效实施的因素主要包括课程、教师的技能、观念及合作意识(microsystem)、家长的特点及观念(mesosystem)、社会政策(exosystem)以及社区和文化(macrosystem)。随后,布朗芬·布伦纳等更加详尽地指出影响融合教育有效性的因素包括:一是生物系统——特殊幼儿自身的特征,即障碍类型、程度;二是微系统——以教室环境为主,即融合类型、参与程度、环境创设、指导性策略、社会交往情况及策略、教师观念及行为、普通儿童的态度、专业合作等;三是中间系统——家长的观念、转介以及社区参与等;四是外系统——社会政策及行政事务等；五是宏系统——文化、语言的多样性等；六是时间系统——各系统内、各系统间不同因素对特殊儿童发展的影响随着时间的变化而变化。这种社会生态取向所强调的是个体或群体存在于其中的多元背景以及这些多元背景中的一种如何与另一些背景一起影响个体或群体功能的。

第二，以幼儿学习环境评价量表（修订版）（Early Childhood Environment Rating Scale Revised，ECERS-R）为评估指标来探讨学前融合教育质量的内涵及影响因素。哈姆斯（Harms）等编制的 ECERS-R 更加贴切地体现了广义的学前融合教育，融入了 2014 年 5 月研究者们的新修订资料，沿用早期版本对环境的广义解释，即包括直接影响幼儿机构内儿童和成人的空间、课程和人际互动特征。且具有良好的信效度，被认为是测查广义学前融合教育质量的最佳评定量表，因而，诸多研究均以 ECERS-R 为评估指标，通过对比融合与非融合的教育环境来探讨学前融合教育质量。伯伊斯（Buysse）等通过方差分析发现，教师的学历水平、专业经验、自我知识技能的评定能够预测总体质量。赫斯滕（Hestenes）等通过大样本对比发现，融合环境中无论是总体质量还是分维度的质量（活动/材料、语言/交往）都高于非融合环境；同时在小样本的对比分析中发现，教师的学历、互动质量与融合质量相关。

第三，以有质量的融合机构为样本来探讨成功实施融合教育的要素。伯伊斯等对 19 个高质量的融合教育机构人员进行了深入的访谈，发现高质量的融合教育机构均包含发展适宜性实践、合格教师、家长参与和支持、良好的设备和教室环境、教师资格和绩效、任职期限、师生比、机构历史和声誉、儿童健康和福祉、为特殊儿童而改善师生比例、调整环境来符合个别需求、统合式的治疗或服务、介入的策略、特殊儿童的比例、家庭访视、其他融合安置的选择等 17 项服务与支持。其他研究者也一致认为，除了高质量的教育环境外，教师（信念、态度、知识技能）、家长（参与、支持系统）、儿童（融合经历）等相关因素是影响个别化指导的实施以及特殊儿童参与度的关键。

总体而言，影响融合教育质量的因素复杂多样，但也存在着内在一致性，即高质量的融合教育均包含以下四个方面：一是物理环境——无障碍措施、空间大小及安全、适应特殊学生所做的调整；二是社会环境——教师对特殊儿童的尊重及公平对待、师生互动、教师对特殊学生的协助、同伴互动、师生互动；三是课程与教学——课程设计、课程调整、教学内容与策略、个别化教育计划、学习质量多元化；四是支持系统——专业人员的支持、在职训练社会和社区接纳感、家长的参与度。

**二、融合教育评价**

布卢姆指出，教育评价作为一种反馈—矫正系统是教育环节的有机组成部分，用于教学过程中每一步骤的判断，为改进教育质量和进行教学诊断提供依据。我国普遍认可的对教育评价的界定是：指在一定教育价值观的指导下，依据确立的教育目标，通过使用一定的技术和方法，对所实施的各种教育活动、教育过程和教育结果进行科学判定的过程。对于融合教育评价，联合国教科文组织关于《通过全纳教育做法消除排斥——挑战与构想：概念文件》中指出："在一个有效的教育体系中要根据课程对所有学生在学习上的进步情况进行连续不断的评估。"融合教育评价贯穿于整个特殊教育和教学过程中，从对特殊需要学生的鉴别、教育安置到为个别教育计划的制订、教育质量的监控提供依据。融合教育评价事关融合教育发展方向，有什么样的评价指挥棒，就有什么样的办学导向。因此，探讨融合教育的评价有利于推进教育的公平化与良性发展。

融合教育的评价一方面关注硬件建设和福利补偿，包括各类学校的入学率、升学率、就业率；另一方面是基于医学和心理学的机能性评估，由医学专业人员操作，重在衡量学生的发展（康复）水平。两者都具有显著的标准化特征。但我们已经认识到：融合教育不能以物化和量化的指标，例如人均占有资源数量来评估其办学效果，特殊儿童之间的类别、程度差异大到使"平均"失去了意义。而自然科学的身心功能性评估或社会适应性评估，同样把特殊儿童放在与标准进行对照的位置，作为一台"有待维修的机器"来看待。

既往的功能性评估在理念上的特征是，先确立一个关于"正常"的金标准，然后去测量特殊儿童与这一金标准的距离。这也是特殊儿童始终没有能融入"普通"社会的原因。因为这样的"正常—异常"分界把"残缺"放大了，也把"障碍"固化了。由此确定的融合教育质量只能是"适应"，实则是以"靠近"正常社会的距离作为评价进步的指标。

普遍性与特殊性矛盾贯穿在融合教育教学评价的全过程。这背后是不同的发展目的观，它影响着融合教育学校教学活动的有效开展。

### 三、融合教育质量评价

融合教育质量评价是评价主体依据融合教育的特定标准，采用科学的态度与方法，对融合学校的组织管理、文化价值观、环境氛围、课堂教学以及学生的身心发展水平进行的价值判断。其中，评价主体既可以是学校自身，也可以是专家、研究者和地方教育行政部门。

构建科学合理的学校融合教育质量评价体系，有助于新时代学校深化教育改革，提高整体教育水平，促进融合学校专业教师优化教学模式，提升教学能力，实现教学诊断科学化。国务院办公厅转发的《"十四五"特殊教育发展提升行动计划》中也明确提出："完善特殊教育办学质量评价指标体系，促进普特融合高质量发展。"目前国内外的学校融合教育质量评价体系研究取得了一定进展，但是在理论基础、构建方法、评价内容以及实践应用方面存在较大差异，据此，深入探讨并构建专业的融合教育质量评价体系已成为当下融合教育工作者急需研究的重要课题。

#### （一）评价标准

美国特殊儿童协会幼儿教育分会( Division for Early Childhood，DEC)和全美幼儿教育协会(National Association for the Education of Young Children，NAEYC)两大权威机构发表联合声明，指出高质量的融合教育应该满足"可接近性""参与度"和"支持性"这三大基本特征。不仅确立了国际融合教育的评价标准，同时也为指导国内融合教育的发展提供了基本准则：(1)确保特殊儿童自由使用教学环境以及环境中的各种设施和活动，而非因其特殊性而处处受限；(2)提供个别化的指导以确保特殊儿童有意义地参与游戏和活动，而非游离状态；(3)建构从教师到家长的完整支持体系以确保不同利益者间的高效合作,而非教育主体间的责任模糊。

《融合教育指南:促进学校中的学习与参与》(简称《融合教育指南》)由英国融合教育研究中心(CSIE)编写和出版。该指南对融合教育质量评价做了系统和科学的阐述。《融合教育指南》不仅在英国许多学校被广泛使用,其影响力也已拓展到挪威、葡萄牙、南非等国家。加拿大、美国和中国所指定的很多融合教育质量评估指标体系也很大程度上参考了《融合教育指南》[①]。该指南包括六个部分:第一部分是对指南的总括和简要介绍;第二部分是以融合教育的思想指导学校的发展;第三部分是融合教育的实施步骤;第四部分是融合教育的发展与评估指标;第五部分是融合教育的评估问卷和计划框架;第六部分是所提供的相关资源。《融合教育指南》是一套支持融合学校全面发展与评估的系统材料,其评估范围涉及操场、教职工办公室、班级教室以及学校内外各个环境中的教育活动。该指南鼓励所有的教职工、父母和孩子都要参与到融合学校的创建中,共同推动融合教育计划向融合教育实践的转变。

(二)评价工具与评价指标

1.《融合学校指标:持续进行对话》

加拿大《融合学校指标:持续进行对话》是在《融合教育指南》的基础上,结合自身情况而制定的,它建立在对融合、学校改进和有效教学相关研究的基础之上。加拿大《融合学校指标:持续进行对话》能够为学校领导提供必要的信息和工具来反思他们的学校是如何实施与推广融合教育的,并且能够帮助学校教职员工制定策略和行动计划以推动融合实践,以及更灵活自如地应对所有学生多样化的学习需要。该项目的融合教育质量评价主要分为五个维度,分别是:(1)确立融合性的价值观与原则;(2)建构融合性的学习环境;(3)提供对成功的支持;(4)组织学习与教学;(5)家庭与社区参与。每一个维度都有相应的具体指标,这些指标指明了融合学校所应该达到的目标状态。

---

① 邓猛著的《融合教育实践指南》第十章"融合教育质量评价与教育督导"对此作了深入的阐述,涵盖内涵、指标、方法和程序等要点。

其中,确立融合性的价值观与原则有 17 个指标,旨在反映学校在融合性文化方面的建设情况;建构融合性的学习环境有 16 个指标,旨在反映学校为了促进学生的发展所提供的支持情况;组织学习与教学有 20 个指标,旨在反映课堂中的教与学的情况;家庭与社区参与有 8 个指标,旨在反映学生的家长和学校所在的社区对融合教育的支持与参与情况。除了具体的指标外,它也有具体相应的评价调查测验工具,如评估调查问卷。这些评估调查问卷根据每一维度具体的指标设置相应的题项,并且这些评估工具针对教师、学生、家长和学校领导等不同的调查对象在语言使用和内容上做了相应的调整,以便真实准确地反映学校实施与推行融合教育的情况。

2.《有效的融合教育质量指标手册》

《有效的融合教育质量指标手册》(简称《指标手册》)是新泽西州借鉴其他州的指导手册以及相关的研究结果编制而成的。该手册将融合教育质量评价分为 11 个维度:(1)领导层;(2)学校氛围;(3)日常安排与参与;(4)课程、教学与评估;(5)项目计划与发展;(6)项目实施与评估;(7)个别化学生支持;(8)家校关系;(9)合作性计划与教学;(10)专业发展;(11)最佳教学实践方式的改进计划。《指标手册》中的每个维度下也分为若干个具体指标,如评价领导层这一维度有 20 个具体指标,具体指标有"校长了解并参与到融合性课程与教学的设计与实施过程中""管理者为教师提供机会来应对挑战,基于证据的实践并且获得所需要的专业发展"等;学校氛围的维度中包括"学校能够积极面对多样性,教职员工能够合作努力来创建一个理解与尊重差异的环境氛围""学校中以全校参与的方式来建构所有学生在所有活动(课内外)中的积极关系"等。每一项具体指标之后又有若干事例来衡量,例如"学校中以全校参与的方式来建构所有学生在所有活动(课内外)中的积极关系"这一具体指标的事例有"学校正在实施一项或多项以下事情:全校的反欺辱运动、问题解决活动、发挥学生作为冲突的协调员、全校的积极行为支持等"。

3.《幼儿园学习环境评价量表(修订版)》(ECERS-R)

该量表是迄今为止应用最为广泛的质量评定表,具有较好的信效度及跨文化一致性。由 7 个子量表构成，包括空间和设施、个人日常照料、语言—推理、活动、互动、作息结构、家长和教师。其中"对特殊幼儿的支持"主要针对至少有一名特殊幼儿的班级而设定，包括家长和专家的合作、个别化项目、项目的修正与适应、促进特殊幼儿与普通幼儿的融合与参与。国内胡碧颖利用 ECERS-R 对北京 7 所随班就读幼儿园进行了质量评估，指出 7 所托幼机构的总体质量介于中等和优良水平之间，而其中对特殊幼儿的支持普遍偏低，需要在以下方面做出改进：特殊幼儿的发展评估、个别化教育计划的制订以及问题行为的引导。因而该量表所测查的质量是广义上的学前融合教育质量，不仅可以评价学前教育的质量状况，还可以评价特殊幼儿在学前环境中所接受的融合教育质量状况。

4.《融合经验质量评价量表》(Quality of Inclusive Experiences Measure Revised，QuIEM-R)

该量表由 Wolery 等在 2000 年制定，主要包括七大项目：融合教育理念与目标、教师接受的支持与认知、物理环境的可接近性与适当性、个别化教育计划、特殊需求儿童投入/参与活动、师幼互动、同伴互动。该量表并未正式发行，张博雅利用特殊需求儿童投入/参与活动的子评估表，通过观察、记录对台湾 5 所幼儿园中特殊幼儿的活动投入/参与情况进行评估，发现特殊幼儿的整体投入/参与情况不理想，需要在团体讨论、小组活动、角落活动、户外活动等方面加强。QuIEM-R 的特色在于，并非单一的赋值评定，而是通过观察、访谈、资料收集以及问卷等多元方式来全面评价融合经验的质量。

5.《特殊儿童融合实践和理念评定表》(The SpeciaLink Child Care Inclusion Practices Profile and Principles Scale，SpeciaLink)

该量表是 Irwin 在原有量表的基础上修订而成的，主要包括两个分量表，即理念评定表(Principles Scale)和实践评定表(Practices Profile)，采用 ECERS-R 的评定程序，具有较好的信效度。其中，理念评定表主要目的是评定教育机构的融合理念，包含"零拒绝"原则、完全参与等 6 个条目；实践评定表主要目的是评定具体的融合教室内支持融合教育的实践活动的质量，包含物理环境、设施和材料、对教师的支持服务、教师的培训、专业的治疗手段、IPPs、同伴互动、入学准备等 11 个条目。该量表除了评估学前融合教育质量状况外,还能为政策制定者和一线工作者提供一定的建议。

6.《融合教室评定表》(Inclusive Classroom Profile,ICP)

该量表主要是为了满足融合教室水平的质量评定。采用李克特 7 点评分,包含空间和设施材料的适应性、教师参与同伴交往、教师指导儿童游戏、冲突的解决、归属感、师幼关系、沟通支持、集体活动的适应性、过渡、反馈、规划及监测儿童的个人需求和目标等 11 个条目,具有极高的信效度。该量表尚处于试验阶段,还没有得到广泛的应用。

7.《照顾学生个别差异——共融校园指标》

《照顾学生个别差异——共融校园指标》是由中国香港教育部门参考英国的《融合教育指南》中关于建立融合学校文化、政策和措施等方面的相关内容,根据香港的《香港学校表现指标》编制而成的,其目标是提高学校应对学生个别差异的能力。香港教育部门认为,通过这套评估工具,能够协助学校在自我评估及学校发展过程中订立目标和可观察的准则,促进学校在校园文化、政策和措施上的不断自我完善,关注所有学生的学习结果并提高学生的参与程度,而不只是照顾有特殊学习需要的学生。具体而言,这套指标体系分为四个维度,分别是:(1)管理与组织;(2)学与教;(3)校风和学生支援;(4)学生表现。上述四个维度中每个维度包括若干指标,每个指标则包含数项可观察的准则。《照顾学生个别差异——共融校园指标》是一套评估、协助学校发展的工具,重点是通过营造互助互爱的校风,提高教育成效。这些指标引导教职工仔细审视学校所有层面,从而提高所有学生的学习和参与。

(三)评价的程序与设计

融合教育质量评价是一个系统而烦琐的过程,一般而言,融合教育质量评估包括以下程序:(1)建立知识能力结构合理的评价组织;(2)做好评价前的准备;(3)选择与确定评价工具;(4)处理融合教育评价信息;(5)确定目标;(6)制订学校融合教育发展与改进的下一步行动计划。

1. 建立知识能力结构合理的评价组织

无论学校对融合教育的发展进行自我评价还是地区教育主管部门进行评价,首先要做的就是成立融合教育评价小组来监督和执行评价过程。融合教育评价小组由不同专业背景的人员和相关利益代表的群体组成,以使融合教育评价工作能够更加专业化和综合化。另外,为了使融合教育评价能够持续进行,还需要建立一套融合教育评价小组工作制度以保证评价工作的长期落实到位。

融合教育评价小组一般由8—10人组成,其组长可以是教育主管行政领导、专家学者等,小组成员要具有一定的代表性,包括校长、教育行政人员、普通教师、特级教师和学生家长等人。融合教育评价小组的任务有以下几个方面:(1)确定完成学校融合教育质量指标评价工作的参与人员;(2)分配一个或多个小组成员来监督相关人员完成评价工具;(3)促进质量评价工具的完成,为参与调查者提供必要的辅助,阐明他们在填答过程中所遇到的困惑;(4)对评价工具进行计分和总结;(5)召集小组成员,根据结果制订融合教育下一步发展规划。

2. 做好评价前的准备

(1)澄清目的。在组织评价之前,评价小组需要了解的关键一点就是评价的目的,即融合教育评价小组始终需要明确,融合教育质量评价的目的是提高和改进学校的实践,使学校更加具有融合性,支持所有学生的学业成就。

(2)清晰表达原则和价值观。在评价过程之初,要阐明评价的一些基本原则,即关注当前与未来,而不是纠结于过去;将相关专业人员召集到一起,让他们提出、争论和澄清与融合相关的一些问题,调动他们参与的积极性和主动性。

(3)确定参与调查的相关人员。在评价过程中很重要的一点就是能够收集多方面的信息,了解参与融合教育发展的不同人的观点。因此,评价小组在选择被调查对象时要注意一定的代表性,一般而言主要包括教师(普通教师和特级教师)、相关服务的专业人员、学生和家长等人。

3.选择与确定评价工具

在融合教育质量评价过程中,评价者一般会使用评价指标问卷、访谈和课堂与校园观察等方式进行综合评价,其中评价指标问卷是最主要的工具。因此,在开展融合教育质量评价前需要根据评价的目标,选择与确定评价工具,每一类调查对象都会被分配相应的调查工具以进行作答。参与人员最好能够完成所有的题目。如果由于时间限制或者其他原因导致参与者不能完成这些题目,那么参与者应该至少完成他们自身所直接负责、直接相关的题项。此外,融合教育质量评价小组还应分配特定的人员对部分学生和教师进行深度访谈,对融合学校的建筑环境、课堂内外学生的参与情况进行直接观察,全面地获得融合学校的信息。

4.处理融合教育评价信息

通过问卷调查、访谈和观察所获得的数据资料,经过科学的处理才能真实地反映学校实施融合教育的水平。一般而言,信息的处理分为三个环节。

(1)分析评价信息。材料的收集主要通过看、查、听等考评方法,对学校的硬件设施、工作计划、校务材料、规章制度、群众反馈和财务报告等逐项评分。通过定性与定量的方法对上述信息进行处理与分析。

(2)形成评价意见。融合教育质量评价小组根据量化和质性数据得出初步结论,然后通过会议进行综合分析讨论,得出最终评价意见。评价意见的形成要注意以下几点:第一,要符合事实,评价意见必须是根据数据的分析而形成的,不能仅凭个人主观臆断;第二,要给评价对象必要的反馈和交流,以便于纠正评价的误差;第三,指出优点和不足。

(3)撰写评价报告。评价报告要能反映不同专家的意见和最后达成的共识,以便于将翔实的信息反馈给被评价学校。

5.确定未来发展的总目标和子目标

这一阶段的目的主要是根据评价结果的反馈来确定未来发展的总目标以及可具体操作、衡量的子目标。在制定总目标和子目标的过程中,我们必须时刻牢记的是总目标是建立在对融合教育质量评价的基础上的,最好是更加概括化和一般性的,并且是源自融合教育评估的不同方面的。作为实现总目标的具体步骤,子目标是可测量的,并且也需要是根据评估结果来确定的优先领域。例如,评估结果中显示有行为障碍与情绪障碍的学生的 IEP 没有包括积极行为的支持策略。那么,这一步所需要的总目标就是改进对个体学生的支持,子目标就是为教师提供积极行为支持的培训和支持、实施功能行为评估等。对于子目标而言,非常重要的一点就是要清晰、可观察、可测量,以至于所有的融合教育参与者都能容易理解它。

6.制订学校融合教育发展与改进的下一步行动计划

制订下一步的行动计划就是要确保以上所进行的质量评估能够真正起到发展性的作用,以促进融合教育的质量评价与改进的闭环。评价小组主要负责制订未来的发展行动计划。行动计划的内容主要包括总体目标、重点任务、保障措施等。

## 四、浙江省及我国融合教育质量评价实践

### (一)浙江省融合教育质量评价

2018 年 5 月,浙江省人民政府印发的《浙江省富民惠民安民行动计划》"教育篇——实施特殊教育能力提升工程"中进一步明确:"推进特殊教育学校标准化建设,到 2022 年,特殊教育学校 100%达到国家特殊教育学校建设标准;100%达到国家特殊教育学校教学和康复训练仪器设备配置标准的基本配置要求,80%的特殊教育学校达到选配配置要求。"特殊教育学校标准化建设已上升为省政府富民惠民安民行动计划的一部分。

目前,浙江省范围内尚无融合教育质量评价相关工作,也缺乏相应的测评工具。为改善特殊教育学校办学条件,提升特殊教育学校办学水平,2019年 2 月,依据教育部、住房和城乡建设部等有关基本标准,省教育厅制定了《浙江省特殊教育标准化学校评估细则(试行)》(简称《细则》)。《细则》所列的评估标准主要依据以下有关基本标准、规程及要求:住建部发布的《特殊教育学校建设标准》(建标〔2011〕156 号)、《教育部关于发布〈义务教育阶段盲校教学与医疗康复仪器设备配备标准〉等三个教育行业标准的通知》(教基二

〔2010〕2 号)、《浙江省人民政府办公厅转发省教育厅等单位关于进一步加快特殊教育事业发展实施意见的通知》(浙政办发〔2010〕143 号)、《浙江省教育厅办公室关于下发特殊教育(聋人、培智)学校教育教学规程的通知》(浙教办基〔2012〕172 号)、《浙江省教育厅办公室关于加强特殊教育卫星班建设工作的指导意见》(浙教办基〔2017〕51 号)、《浙江省教育厅关于加强残疾人高中段教育的指导意见》(浙教基〔2018〕21 号)、《浙江省教育厅关于加强学前残疾儿童教育的指导意见》(浙教基〔2018〕110 号)等。

《细则》所列评估标准分为基本保障项目和特色项目两部分,满分为1100分。其中,基本保障项目 1000 分,特色项目 100 分。评估一级指标 5 项,二级指标 16 项,三级指标 21 项。具体评估内容及指标见附录 11。最后专家评估基本保障项目得分 800 分及以上或基本保障项目与特色项目两项得分达到 850 分及以上的学校,认定为浙江省特殊教育标准化学校。评估认定为浙江省特殊教育标准化学校的,由省教育厅发文公布。浙江省特殊教育标准化学校创建情况列入教育基本现代化县(市、区)评估和区域教育现代化监测评价有关特殊教育的重要参照指标。

(二)全国融合教育质量评价

为深入贯彻全国教育大会精神,加快建立健全特殊教育评价制度,努力构建以义务教育阶段为主、涵盖学前教育和高中阶段教育的特殊教育办学质量评价体系,推进特殊教育高质量发展,2022 年 11 月,教育部印发了《特殊教育办学质量评价指南》(简称《指南》)。评价内容主要包括政府履行职责、课程教学实施、教师队伍建设、学校组织管理、学生适宜发展等 5 个方面,共 18项关键指标和 49 个考查要点。具体指标及评价体系参见附录 10。

《指南》强化对评价组织实施及评价结果的运用,对县(市、区)特殊教育学校、随班就读普通学校的特殊教育办学质量评价要坚持结果评价与增值评价、综合评价与特色评价、自我评价与外部评价、线上评价与线下评价相结合,实行县(市、区)和学校自评、市级审核、省级全面评价和国家抽查监测,原则上每 3—5 年一轮,与中小学质量评价统筹同步实施,实现全覆盖。将特殊教育办学质量评价结果作为县级人民政府主要领导履行教育职责、督导评价的重要内容，纳入县级人民政府绩效考核，并作为对学校奖惩、政策支持、资源配置和考核校长的重要依据。引导县级人民政府落实特教特办，切实履职尽责，为提升特殊教育质量提供充分的条件保障和良好的政策环境；引导特殊教育学校和随班就读普通学校改进教育教学和管理方式，不断完善办学条件，全面提升育人质量。

## 五、融合教育质量评价体系建设对浙江省的启示

### （一）树立融合教育质量评价理念

理论是行动的先导，浙江省当前需进一步加强融合教育质量评价的理论研究与实践探索，树立辩证的评价思维与构建合理的评价功能观。

#### 1. 树立辩证的评价思维

浙江省的融合教育质量评价研究与实践应正确认识评价的不同表现形态，辩证分辨矛盾双方的对立统一性，避免绝对化、"厚此薄彼"、"顾此失彼"等现象，提高融合教育质量评价的实效性。浙江省融合教育质量评价体系应处理好评价的理论模式与操作程序的矛盾、量化与质性的评价的矛盾以及评价方法的"西化"与本土化的矛盾。独断地宣称一种评价方法的合理性和不合理性，无益于评价改革；简单地复制西方国家的评价方法，特别是某些国外已淘汰的方法，对评价理论的创新不利。以特定情境为基础，冷静地开展融合教育质量评价研究，具有长久的、普遍的意义。

#### 2. 建构合理的评价功能观

浙江省不仅应树立辩证的、批判的评价思维，而且应改变功利的评价目标取向，树立"发展性评价""增值性评价"理念，建立"发展性""增值性"的基础教育质量评价体系，充分发挥融合教育质量评价的发展功能和增值功能。第一，评价只是融合教育价值判断的一种必不可少的手段、方式，是融合教育及其价值实现过程中一个重要的环节。评价的意义在于了解现状、发现问题、指导行为、决策咨询等，而不是控制学校、教育者与受教育者，评价功能观应该从控制走向服务、从管理走向治理。浙江省的融合教育质量评价应树立

发展性、以人为本的教育质量评价观。注重发展,淡化甄别选拔,实现育人为本功能的转化。第二,不能片面夸大或者忽视甚至轻视评价的功能。融合教育质量评价尽管具有甄别好坏、指导教学、促进发展等功能,但是它只是一种手段,而不是目的,它不能代替融合教育及价值本身,不能片面夸大或者忽视、轻视评价的作用。只有正确认识到评价的利弊得失,才能充分发挥它的服务、教育功能,从而有效地促进我省融合教育的价值实现。

### (二)尽早建构省域特色的融合教育质量评价指标体系

我国至今还未形成一套有效的融合教育质量评价指标体系,国外融合教育质量评价指标体系的历史演进和发展经验对浙江省建构融合教育质量评价指标体系具有重要的参考与借鉴意义。首先,融合教育质量评价指标体系的建构需要以政府和教育部门为依托,充分考虑评价指标的监测、监督和问责等功能,充分地反映融合教育质量。学校也应该利用指标体系来诊断和评估自身的教育质量,及时调整融合教育方针和政策,改善地区融合教育水平。当然,由于国外所秉持的建构目的都有差异,我们的目标是建构符合我国国情、具有浙江省特色的融合教育质量的指标体系。鉴于此,浙江省在多方面考察国外学校教育质量检测指标体系的同时,需要更多地开展本土化的实证研究。其次,整合前人已有的研究成果建构一个合适的概念框架。融合教育质量的概念架构是建立质量评价指标体系的依据,并且影响融合教育质量检测指标的选择。我国较晚开始探索学校教育质量评价指标体系,但从当下国际上对学校教育质量的理解来看,我们不能简单地用学校经费投入和学生学习成绩来衡量融合教育质量,而是要从情境—输入—过程—输出这四个方面建构多维度、多层级的评价指标,浙江省在建构融合教育质量指标体系时,应以此为中心,注重开发反映融合教育过程质量的评价指标。最后,融合教育质量评价指标体系的建构需要开发多种获取数据的工具。鉴于融合教育质量评价指标体系有向微观层面探索的趋势,为建构完整的融合教育过程的检测指标体系,需要收集很多与教师和学生心理层面相关的数据,而这些数据并不能用大规模的问卷调查来完成,更需要用学生和教师的自我报告、深度访谈和课堂观察等研究方式来获得。

（三）推进信息化建设，着力提高评估的科学性、针对性和有效性

浙江省深入贯彻落实全国教育大会精神，坚持"以教育信息化支撑和引领教育现代化"的发展理念，大力推进智慧教育，积极探索具有浙江特色的教育信息化发展之路，努力推动教育公平发展和质量提升。构建支撑智慧教育的装备环境，全省教育计算机网骨干网带宽升级至 5G，全省 97％的中小学校实现无线网络覆盖主要教学场所。推进人工智能和 5G 技术在学校的试点应用，基本实现智慧校园建设全覆盖。着力提升教育工作者信息素养，实施全省中小学教师信息技术应用能力提升工程，完成对全省 45 万名中小学教师的全员培训。开展全省教育技术部门专业人员和高校教育技术部门专业人员全员培训，教育局局长和中小学校长教育信息化领导力培训。实施典型应用试点，推进基于人工智能和大数据的精准教学、精准学习以及精准教研。

随着教育评价专业化、复杂化、市场化等特点的凸显，开展融合教育评估的信息化建设势必成为融合教育质量评价与保障发展的主流。"提高评估效率"是浙江省改进质量评价与保障的关键。由于浙江省政府在规范及提供精准的公共信息方面具有优势，政府还须在评估信息统筹与融合教育质量数据平台建设方面发挥更加积极的作用。目前浙江省已成立教育系统网络安全和信息化工作领导小组，发布《中小学教育技术装备标准》《幼儿园教育装备规范》，编制 79 项教育技术装备标准和规范。与多家有关行业企业开展教育信息化战略合作，联合浙江大学等高校和企业共建教育信息化研究中心、教育信息化评价与应用研究中心、教育大数据应用技术国家工程实验室浙江分中心，加快长三角教育信息化合作。

在融合教育质量评估信息化建设的同时，还须进一步完善信息共享机制，促进各地区融合教育质量评估信息发布的及时、公开和完整。同时，还须充分利用现代信息技术，有效控制和节约评估成本，提高评估工作效率和评价的准确性、有效性，减轻工作人员负担，从而进一步提高评估成效。

（四）强化监管机制，健全融合教育质量评价的支持保障系统

融合教育质量评价是一项复杂的系统工作，需要多方专业人员的配合才

能保证评估的公正性、科学性、客观性、全面性和系统性。因此,要加强政府统筹,形成教育、残联、民政、卫生等部门通力合作,以保障融合教育质量评价构建和实施顺利进行。

浙江省政府要加强统筹建立督导监控系统,各级政府特别是教育行政部门应高度重视融合教育质量监控体系的建设,将其视为促进融合教育内涵发展的重要手段之一。教育行政部门通过必要的调研,尽快出台相关政策,规范教育行为,营造高质量推进融合教育的良好环境,将融合教育质量监控融入基础教育质量监测的工作之中。

浙江省要以特教指导中心为依托,建立教育评价支持体系,为教师提供持续的、灵活的、个性化的合作支持。整合特殊学校师资、设备、教学经验、信息等方面的优势,为普校的融合教育提供支持和资源。特教指导中心可以对评价过程进行辅助和支持。一方面是为融合教育和资源教室的教师提供评价方面的专业支持。集中特殊教育的优势人力资源,在教育评价中,要求大学和研究机构中从事特殊教育研究的专家与特殊学校教师以及资源教师在教学评价工作中展开交流和合作。另一方面是特教指导中心应立足于培养教师评教结合的意识,开展相关培训。例如,提高教师对教育评价的认识。培训的任务不仅包括特殊儿童发展与教育方面知识,还应囊括对教育评价的发展历史、基本理念、原理以及评价建立的步骤、评价方案的制定、评价技巧和评价结果对教学的指导。在教学实践中,跟踪指导教师具体评价工作,促使教师把教学的课堂变成研究的课堂,在教学的过程中灵活运用评价体系。

# 第六章 新时代浙江省全面推进融合教育的目标任务及实现路径

　　融合教育的发展是一个渐进过程,融合的程度并无绝对标准,融合的做法也无一个标准蓝本,只有适合国情、满足残障学生需要的教育,才是理想的融合教育。《中国教育现代化 2035》提出:普及残疾儿童少年 15 年教育,是提升教育现代化发展水平、促进教育公平的显著标志,同时也是新时代我国特殊教育顺应现代化发展的重要标志。

## 一、浙江省全面推进融合教育的目标与任务

　　2022 年 8 月,《浙江省"十四五"特殊教育发展提升行动计划》(简称《行动计划》)正式发布。根据《行动计划》,到 2025 年,浙江省将全面建成布局合理、学段衔接、普特互补、普职融通、医教结合的高质量特殊教育体系,残疾儿童青少年基础教育入学率达到 95％,其中义务教育、学前教育和高中阶段入学率分别达到 99％、95％和 90％。《浙江省教育事业发展"十四五"规划》中也明确提出完善学前和高中段特殊教育布局,进一步延长残疾儿童少年接受教育的年限。因此,提高残疾儿童少年教育普及水平,推进教育公平,提高特殊教育质量是新时代浙江省全面推进融合教育的重要目标任务。

### (一)始终坚持教育公平化,推动有质量的融合教育

　　融合教育是现代文明社会发展的必经之路,发展融合教育对促进残障儿童的全面发展、实现教育公平具有重要意义。让包括残疾人在内的每个孩子都能享有公平而有质量的教育,促进其更好地融入社会生活是未来融合教育的目标追求。

公平是全面推进融合教育的首要目标和价值导向。所谓"公平",指的是每一个儿童(包括残疾儿童)都享有平等接受教育的权利。残疾儿童享有和普通儿童一样的接受教育的权利,这种权利既是儿童成长与发展的内在需要,也是保障其成长与发展的法定权利和重要措施。面对特殊教育需要对象,融合教育呼吁普通教育领域要切实体现教育公平。因此,始终坚持教育公平和全纳教育是新时代全面推进融合教育的重要价值导向和原则,通过大力推进全学段融合教育,促进适龄残疾儿童少年教育全覆盖,实行零拒绝,确保一个都不落下。

(二)始终坚持素质教育发展方向

教育是一种培养人的活动,新时代要培养出担负民族复兴大任所需要的建设者和接班人。这一培养目标不仅体现了我国融合教育坚持立德树人、实施德智体美劳全面发展教育的本质,也为我国融合教育指明了素质教育发展的方向。

融合教育是以人的现代化为核心的,必须以全面落实立德树人为根本任务,以培养德智体美劳全面发展的社会主义建设者和接班人为目标,以推进融合教育为抓手,使更多的残疾儿童少年进入普通教育体系接受一体化教育,关键是要在推进融合教育过程中发展素质教育。

融合教育强调和主张通过提供更多的学习课程、文体活动等,让残疾儿童少年有更多机会参与合作与学习,从而促进普特学生实质性融合。因此,全面推进融合教育时,首先要将素质教育作为其目标导向,以全面落实立德树人为根本任务,借助素质教育来推动融合教育发展,在教育理念、课程与教学体系、教师队伍建设等方面向着素质教育方向全面推进,为每一个特殊学生高质量发展提供有力支撑。

(三)使特殊教育需要对象更好地融入社会

融合教育的根本目的在于促进个体社会化、将个体培养成社会化的人。《残疾人教育条例》(2017年修订版)就明确指出:实施残疾人教育,应当贯彻国家的教育方针,并根据残疾人的身心特性和需要,为残疾人平等地参与社会生活创造条件。因而,使特殊教育需要对象通过教育的融合进而更好地融入社会,是融合教育最直接的目的。

融合教育的宗旨,不仅仅是让特殊儿童进入普通学校,更是要让他们接受适合他们的教育,让他们真正地学到知识、接触社会、适应社会、学会生存,缩小他们与正常学生的差距,提高他们的生活质量。但对于身心有障碍、学习有困难的残疾儿童来说,没有专业支持与服务,就很难实现真正意义上的融合。所以,融合教育强调建立行政管理支持、专业技术服务支持、学校文化支持和政策支持等机制,以帮助残疾儿童更加平等充分地融入社会。

融合教育是新时期特殊教育发展的必然趋势,而普通学校作为融合教育的主阵地,在现阶段还存在着教育质量不高的问题。在新时代教育政策体系下,普通学校应该建立提高融合教育质量的有效支持策略,通过树立融合教育理念、建立专业支持体系、培养专业师资队伍、提高课堂教学实效、构建全方位教育体系,为特殊需要儿童提供适合的教育,才能切实提高融合教育的质量。

（四）建立健全融合教育支持保障机制

改革开放以来,国家高度重视保障残障人士权利尤其是受教育权利。浙江省《"十四五"特殊教育发展提升行动计划》明确要求,"探索适应残疾儿童和普通儿童共同成长的融合教育模式,推动特殊教育学校和普通学校结对帮扶共建、集团化融合办学,创设融合教育环境,推动残疾儿童和普通儿童融合"。强有力的政策、完善的法律法规是解决入学"进不去"、学习"学不好"的残障儿童学习困难现状的有效手段,法规政策是融合教育发展不断提质增效的有力保障。

全面推进融合教育,是一项社会系统工程,需要建立政府主导、多方协同配合的领导体制和支持保障机制。近年来,各项融合教育的相关政策、计划接连出台,但总的来看法治保障还不够健全,保障层次较低,融合教育质量有待提高。因此,建立完善的融合教育发展机制和支持保障机制是新时代全面推进融合教育的另一个重要的目标任务,有关融合教育政策的推进落实,为加快实现教育公平、教育公正提供了有力支持与保障。

## 二、构建融合教育社会支持体系

全面推进融合教育,是一项社会系统工程,需要建立政府主导、多方协同配合的领导体制和支持保障机制,目前,我国在推进融合教育发展方面还没有建立完善的融合教育发展机制和支持保障机制,因此,建立健全相关机制,是促进融合教育高质量发展的重要举措。

### (一)树立融合教育理念,构建融合教育发展文化体系

在推进融合教育过程中,将立德树人作为融合教育的根本任务,既要贯彻党的教育方针,也要尊重残疾学生身心发展的特殊性和学生的"广泛性个性差异"。但受传统教育观念影响,普通学校对融合教育的认识不够,严重影响教育质量的提高,因此应不断更新融合教育理念。普通学校积极创建接纳环境,响应学生差异化需求,保障全体学生平等受教育权利。学校校长等管理者应主动学习融合教育相关法规政策,积极"零拒绝""全接纳"特殊儿童进入普通学校就读,成为融合教育的领导者和支持者。学校教师要更新教育观念,主动与特殊教师合作,共同教育学生,成为融合教育的践行者和实践者。学校学生要学会理解尊重特殊儿童,给他们以帮助和鼓励,成为融合教育的维护者和合作者。通过三方的全力配合,使整个学校全面形成融合教育氛围。

加强学校文化建设和全社会的宣传教育。全面推进融合教育,要加强以社会主义核心价值观为主要内容的文化建设和宣传教育,努力在学校和全社会打造一种充满人文关怀的共生环境及文化支持机制,从而为融合教育的开展营造良好的社会氛围。一方面,要加强对学校师生、家长以及全社会的人道主义教育,提高他们对残疾学生的认同感和接纳度。另一方面,要加强学校融合文化建设,努力通过环境创设、制度建设、校风班风建设、主题班会队会等各种方式和活动,营造平等、友爱、互助、合作、无障碍的共生文化生态及校园环境,使整个学校到处充满着人文关怀的气息和温暖,让每一个孩子享有温暖而有质量的教育。

当前,融合教育要实现基础教育阶段全覆盖,尊重每一个学生的全面发展权和特殊需求权,平等对待学生的差异性,将学生的差异视作重要的教育资源,力求为每一个有特殊教育需要学生提供个性化服务。

融合教育的综合、开放、包容、多元、互助等核心内容与中华文化的气质属性不谋而合。因此,可将中华优秀传统文化融入融合教育当中来。用中华优秀传统文化的内容做支撑,给予残障儿童足够的尊重与平等,选择传统民俗工艺等文化精髓,鼓励残障儿童获得特殊技艺,通过专业培训项目,引导残障儿童顺利进入社会、参加就业,以充分体现中华文化的智慧集结与人文关怀。

(二)建立健全融合教育政策法规,构建保障融合教育发展制度体系

我国融合教育起步虽晚,但在国家对融合教育的高度重视和大力支持下发展迅速,尤其是近年来,融合教育步入显性发展阶段。然而,关于融合教育的政策相对较少,各级教育行政主管部门在现有的国家法律法规政策下完善相关的政策与制度的主动性相对较低,在一定程度上制约了教育质量的提升。现有研究表明,我国融合教育政策法规存在政策法规立法层级不高;政策法规调整内容不均衡;政策法规修订滞后,当融合教育出现新的问题时对原有政策法规修改调整略有滞后,缺少对融合教育政策法规方面的创新。

推进融合教育,首先,最重要的是通过立法建立融合教育基本法律,将其作为保障适龄残障儿童能够合理、合法接受普通教育的法律依据,这对融合教育发展能起到引领作用。其次,调整和保障融合教育实践过程的全局性政策法规,主要包括融合教育理念、融合教育资金支持等需要进行整体统筹规划的政策法规。最后,规范已经执行的融合教育政策法规,包括已经落实的融合教育校园建设标准,融合教育课程设计标准等相应规定。

政策支持是全面落实融合教育的核心保障,包括对承担学校提供更多的财政支持、资源支持,对任课教师赋予更为灵活的聘任、评职加薪机制等。以顶层设计为统领推进融合教育制度建设,通过政策法规对学校进行制度管理,将人道服务贯穿于学校教育之中。上述三个方面是相辅相成的关系,相

互依赖、相互影响、相互促进，为融合教育的高质量发展保驾护航。

融合教育学校可以结合自身工作实际，成立相应管理机构，在融合教育经费保障、设施设备配置、部门职责、师资建设、质量管理、教育评价等方面制定相应管理制度，规范融合教育管理，保障融合教育工作高质量发展。

（三）创新实践机制，构建融合教育发展专业服务体系

健全巡回指导制度，提供专业精准服务。选择具有智力鉴定、康复师资格的医生和特殊教育学校，实践经验丰富、专业能力过硬的教师作为专家成立特殊教育专家委员会，充分发挥专家委员会在科学评估认定、安置建议、个别化教育方案制订、康复训练等方面的作用，使融合教育较为科学规范地开展。

加强特殊教育指导中心建设，打造融合教育阵地。依托特殊教育专家委员会和特殊教育学校，建立区域融合教育资源指导中心，积极开展教师培训，指导资源教室建设，加强融合教育科学研究和教学研究，以科学理论引领融合教育发展。与此同时，加强普通学校融合教育阵地建设，鼓励普通学校建立校内专业支持体系。普通学校是实施融合教育的主体，以设于普通中小学、幼儿园中的融合教育资源中心建设为抓手，组建与巡回指导专家团队合作的融合教育教师团队，开展教育评估、制定个别化教育方案、进行课程调整与教学调整、开展行为干预与康复训练等工作，营造学校友爱互助的融合教育氛围，形成普特协同配合的教研机制。

建立标准化认证体系。当前，我国融合教育师资的资格认证、教学评估等标准化建设不够完善。中共中央办公厅、国务院办公厅印发的《关于深化教育体制机制改革的意见》明确提出，建立健全融合教育评价、督导检查和支持保障制度。目前，我国急需建立融合教育标准化认证体系，包括普通学校教师的融合教育教师岗前培训认证、师范生入职前的融合教师岗培训认证、教学评估的达标认定等。除此之外，政府相关部门要实施监督，规范教学管理机制，在融合教育实施过程中，对师资水平、培养方式、学业考核等方面进行有效监督，让政策真正的落地。

建立融合教育评价机制。2020 年 10 月,中共中央、国务院印发《深化新时代教育评价改革总体方案》,明确指出:"教育评价事关教育发展方向,有什么样的评价指挥棒,就有什么样的办学导向。"这对于目前正在蓬勃推进的融合教育改革来说同样极具指导意义。科学的评价机制是融合教育的办学导向,同样是决定融合教育发展方向与发展水平的关键问题,也是有效破解当前融合教育实践难题、实现高质量推进的重要前提。

### 三、构建融合教育支持系统

#### (一)全面推进融合教育师资培养

《浙江省教育事业发展"十四五"规划》中明确提出,积极推进融合教育试点区(校)建设,培育一批融合教育名师、名校长,提升特殊教育教师专业能力,搭建教师专业能力提升交流平台,构建起特殊教育师资队伍的专业人才梯队。融合教育师资培养是推进新时代特殊教育事业发展的先导性工作。当前,融合教育师资培养主要存在数量严重不足、师资培养类型单一、高层次特殊教育师资匮乏等问题。融合型教师是教育实践中教师个人职业发展的迫切需要,也是新时代融合教育发展的必然要求。

高等师范院校担负着对新时代教师培养的重担,需要高等师范院校为促进整体教育体制的变革和推动融合教育的发展,积极培养在普通学校能够实施融合教育的复合型人才,为开设随班就读专业和融合教育创造出更广阔的条件。同时要培养具备基本特殊教育技能的融合教育普及型人才,在针对教师的培养课程体系中应广泛系统地开设融合教育相关专业知识的必修课和选修课。这样才能将培养普通教师融入教师资格考核制度中,纳入特殊教育的知识系统,并以师资培训为主要导向,以教师资格制度加强对师资机构的培训。

加强对新教师入职指导和在职教师继续教育培训,将特殊教育理论与技能纳入教师培训体系,加强专业理论技能培训,提升融合教育师资队伍专业化水平。一方面,充分发挥特殊教育指导中心的作用,联合区域教育部门和学校建立融合教育研究指导服务联盟,全面承担研究、指导、服务、培训、资源开发、质量管理等职责。另一方面，基础教育学校要加强内涵发展和队伍建设，把融合教育所承担的教育责任和教师队伍的发展目标结合在一起，真正把融合教师队伍建设落到实处。一是要组建专业团队。学校要在相应专业人员的指导下，组建一支服务融合教育的专业团队，遴选政治素质高、业务能力强的骨干教师从事融合教育，配备足够的人力资源。二是要定期开展培训。经常通过举办培训、教研活动、现场推进会等，使教师掌握更加全面的融合教育知识，端正教育思想，更新教育理念，促进教师专业化发展。三是要培养一专多能人才。既要培养青年教师提高融合教育专业能力，使其具有基本的教育理念、专业素养、专业知识、专业技能，又要不断提升其课程建设能力，使其具有多学科知识、特殊教育知识、康复训练知识，能够根据特殊儿童的个性特点将各类知识加以整合，实现学生德智体美劳全面发展。四是要建立激励评价机制。在评价过程中，对工作量的核定要适当给予倾斜；在质量考核中，应注重学生能力发展，实行多元评价；在评优选先中，应优先评选融合教育教师。鼓励资源教师大胆进行模式模型创新、内容创新、方法技能创新，不断深化教育教学改革与创新实践。

（二）深化教学改革，构建融合教育课程体系

探索一体化教育场域下集体教育与个别化教学相结合的现代教学体系，以促进每一个学生高质量发展是融合教育教学改革的目标。全面落实个别化教学、医教结合等先进特殊教育教学理念，提高特殊教育质量。

创新融合教育教学组织形式，既要坚持集体教学为主，又要关注学生个性差异，注重因材施教，在此基础上加强分层分组教学、差异化教学、走班制教学、复式教学和个别化教学等形式的探索，逐步建立集体教学与个别化差异教学相结合的动态的教学组织形式和教学程序，提高教学的适切性和有效性。改革教学评价方式。要改变以学科分数为唯一评价标准的主要评价方式，同时，要注重学生的过程性评价，逐步建立综合、多元、动态、个性化的学生素质整体评价的现代评价方式。

课程是学校育人的主要途径与核心因素。融合教育课程设置的核心问

题则是要充分考虑学生的个体差异和特殊教育需求,在国家课程方案整体实施和分步实施上做出适当必要的调整,使学校课程体系符合立德树人、全面发展的课程目标要求,从而促进每一位学生全面发展。

因此,在国家课程方案实施层面,学校既要坚持国家课程方案素质教育的总体目标要求,全面执行国家课程方案,又要根据学生个体差异的实际,积极进行学校课程体系的调整探索,着力打造既有统一质量要求,又充分考虑学生个体差异和特殊教育需要的学校课程体系。(1)综合研究学校校情,灵活设置教育形式。除了将特殊学生穿插安置在普通班级中,学校可根据特殊学生数量、学校师资、硬件设施等情况,综合分析、灵活选择教育安置形式。比如:对于特殊学生较多的学校,可以考虑设置特教班;在教学形式上,可以选择上午在普通班,下午在资源教室;在课程设置上,可以采用学科教学与康复训练相结合。通过形式多样的教育形式,才能够满足特殊学生多样化的教育需求。(2)探索融合教育课程,合理选择教育内容。普通学校融合教育教师就要按照普通教育课程体系,根据特殊学生实际,适当调整课程,合理选择教育内容,以满足特殊学生需求。(3)分析学生学情,选择合适的教学方法。科学深入分析特殊需要学生学情,充分利用新媒体手段,在教学设计中,既要面向普通学生,又要体现个别化教育计划,利用互联网、云平台等丰富的学习资源,学习借鉴先进教学方法,以学促教,提高学生学习的兴趣。

(三)加强"家校共育",构建家长支持体系

融合教育不是单独的学校教育,融合教育学校也要构建学校、家庭、社会"三结合"的全方位教育体系,才能产生良好的教育效果。学校教育、家庭教育、社会教育相互关联、有机结合,相互影响、相互作用、相互制约。家庭教育是一切教育的基础,家庭和学校的教育融合,并非家庭和学校教育的简单组合,更多的是家校教育共同价值观的碰撞和交融。学校要强化家校合作共育,学校要和家长之间加强交流,相互沟通、相互配合,加强家庭特殊教育指导,引导特殊学生家长树立科学育儿观念,促使特殊学生家长自觉履行作为家庭教育工作主体人的责任,逐步形成家校协同共育的家庭支持机制。

特殊学生家长充当融合教育的提倡者、合作者和推动者,其自身相关因素是影响其融合教育满意度的内在动因。因此,可以从以下四个方面开展家校共育活动。(1)普通学校可在开学前对特殊学生家长进行政策宣导,提高家长对融合教育的认识,实现家校共育。(2)联合特殊教育指导中心、特殊教育学校和社会组织等为家长提供系统性、常态化培训,要对家长进行一些教育方式、方法的培训,增加其信心,提高其处理问题的能力。(3)关注特殊儿童家长心理压力,增强其心理调适能力。普通学校可引导家长建立交流经验的平台或组织相关专业人员对特殊学生家长定期开展心理辅导,帮助家长进行自我调适。(4)推动社会团体组织积极介入,举办融合教育倡导活动等,向社会主动推进,如与社区、慈善机构、爱心人士等进行联系,力求得到社会对特殊学生的支持与接纳。要让特殊学生走出家庭、走出学校,主动融入社会,更好地适应社会。

普通学校在实施融合教育过程中,应该积极更新融合教育理念、建立专业支持体系、培养专业师资队伍,注重家校共育,只有这样,才能为特殊需要儿童提供适合的教育,才能切实提高融合教育质量。

### 四、探索融合教育新模式

#### (一)融合教育卫星班模式

卫星班是将特殊教育学校中有条件、有意愿融入普通学校的中度残障儿童少年选送到普通学校组建成的班,由特殊教育学校和普通学校教师共同管理,合作完成教育教学任务,致力于增强残疾学生适应社会的能力。在普通中小学校和职业中等学校建设若干卫星班,通过卫星班把特殊学校班级设到普通学校中,让中度智力障碍学生回归主流,在最少限制的环境中与普通学生一起成长,让残障学生平等共享优质的教育资源。卫星班是融合教育的有力补充及全新的尝试,其以切实提高随班就读学生的服务质量为目的,最终实现融合发展。

目前,省内许多基础教育学校开始践行这种教育模式。2016年,杭州市上城区某学校借鉴西方发达国家融合教育的优秀经验,尝试在普通学校设立辐射型资源班,即卫星班,构建新型随班就读服务模式,上城区特殊教育资源中心作为卫星班的依托,从资金、制度和人员方面全力支持卫星班的开展。首先,每个卫星班试验点由省教育厅一次性下拨建设经费。其次,制定卫星班教师岗位职责、卫星班运作的各项制度,让卫星班的运作有"法"可依。最后,卫星班教师的编制归属于资源中心,当卫星班教师在工作中遇到难以解决的问题时,会由资源中心统筹其他康复教师提供帮助,当其他康复教师遇到困难时,资源中心会邀请专业医生和高校专家共同诊断,提供帮助。卫星班在普通学校内部设置,由特殊教育学校和普通学校共同管理,由上城区特殊教育资源中心派专业教师与普通学校教师共同进行教育评量、制订个别化教育计划、设置课程和开展教学。

浙江省经过多年实践与评价,发现卫星班学生的学习成效明显得到提升,特教学校的传统职能得到了拓展,同时促进了普通学校教师融合教育理论与实践能力的提升。

（二）"医教结合"康复教育模式

"医教结合"是一种将康复医疗手段与教育教学方法有机结合、相互促进,尊重学生个体差异、面向学生个体需求的教育模式。医教结合中"医"与"教"以共生共存为核心特质。对于残疾儿童而言,可以通过医学的手段来获得基本正常的生命体征,但仅仅依靠医学来提高残疾儿童的社会适应力、生活质量,促进其潜能发挥等则远远不够,仍需要后期的大量康复教育。例如听觉障碍儿童,即使在成功地植入人工耳蜗之后,仍然需要专门的语言康复教育,才能获得基本正常的语言发展,促进其思维与其他社会性相关机能的发展。因此,对于特殊教育而言,可根据学生的身心发展状况与最近发展区,有针对性地开展医疗康复与特殊教育跨学科合作的康复教育,才能真正地实现"医教结合"。

"医教结合"理念下的学校康复教育模式顺应了特殊教育循证的实践取向,通过组建康教队伍、完善课程体系与教学资源、优化医教结合理念下的多维康复教育干预,能够有效补偿并开发学生在运动、感知、语言及社会认知等多方面的功能与机能,促进学生全面发展。

(三)全面提升随班就读质量

随班就读是指残疾学生随机参与到普通学生所在的教育场所之中,进而接受教育、提高自我和实现价值。

随班就读是目前融合教育实施的一项重要模式。浙江省教育事业发展"十四五"规划明确提出推进融合教育"扩面提质",扩大轻度残疾儿童普通学校随班就读覆盖面。当前在随班就读中,还存在一些困境,一是特殊教育学校专任教师缺少,普通学校也存在融合型教师紧缺的情况。二是专业支持不足,虽然很多普校已在建设资源教室,但资源教室的专业化和专职性却存在很大差距。三是学校制度和环境建设不足。在大多数普通学校,并没有建设融合教育制度,无法形成全校融合模式,这对特殊儿童的随班就读十分不利。

提高随班就读质量的内核是课程与教学,要根据国家普通教育课程标准要求,为特殊儿童提供普通教育课程;随班就读课程需要开展教育评估,了解随班就读学生的学习起点和学习行为,以及特殊教育需要以随班就读学生的社会适应能力提升为课程的重要追求,遵循最小调整和最大融合原则进行随班就读课程的调整。进入班级后,以有效参与学习为目的对教学目标、内容、评价等进行调整,注重体现他们发展阶段的关键要求,调整普通课程的教学目标时,通过学业考试、课堂观察、量表评估、学生谈话和家长访谈等方式,对随班就读学生进行学科本位的学习起点评估。有条件的学校可以为特殊学生增设康复性的特殊课程,并提供必要的教具、学具和辅具服务。

集体教学活动中给予个别化支持。在制订集体教学计划时采用并列式、插入式和分离式教学方法,突出体现随班就读学生的个别要求。在课堂教学中,采用多层次教学法、游戏教学法、多感官教学法和个别指导法开展教学,根据随班就读学生的学科评估目标和学习能力,弹性处理作业量与难易度。同时在课内外加强对随班就读学生的个别训练和辅导。

融合教育不仅是特殊教育也是整个教育发展的大趋势。残疾儿童优先在普通教育环境中接受教育,根据儿童的个别差异和特殊需要,因材施教,并倡导通过全纳教育体系和全纳性学校改革,积极在实践中不断探索,建立一种既有统一发展要求又能满足学生个性差异的一体化教育体系和人才培养模式,让残疾儿童少年有更多机会参与合作与学习,以促进每一个学生的优质发展和教育质量的提高。

# 参考文献

[1]本刊编辑部.建设融合教育本土化长效机制[J].教育家,2021(28):14-15.

[2]陈峰.推进融合教育,提升特教质量——在浙江省融合教育课程与教学研讨会上的讲话[J].融合教育,2021(6):3-5.

[3]陈玉红.善待差异,按需施教,积极探索"适合＋融合"的教育——走向回归:创新培智学校多向融合"走学"方式的实践研究[J].现代特殊教育,2020(11):61-63.

[4]丁勇.积极探索具有中国特色的融合教育发展模式[J].现代特殊教育,2019(9):1.

[5]丁勇.融合教育的江苏实践和经验[J].现代特殊教育,2022(11):4-10.

[6]丁勇.推进融合教育高质量发展,构建特殊教育新发展格局[J].现代特殊教育,2021(1):1.

[7]丁勇.新时代全面推进融合教育的目标任务及实现路径[J].现代特殊教育,2021(13):4-8.

[8]杜媛,孙颖,朱振云.国际融合教育政策转变的价值导向与保障机制——基于联合国教科文组织政策报告的文本分析[J].现代特殊教育,2020(16):7-12.

[9]冯超,傅王倩,陈慧星.国际融合教育政策演进路径、特征及其启示——基于联合国组织的融合教育政策文本分析[J].中国特殊教育,2020(11):14-20.

[10]高晶晶,刘文静.论日本特别支援教育法律制度[J].教育评论,2019(2):154-158.

[11]郭志云,邓猛.融合教育模式的中国话语及实践路径——基于教育部随班就读《指导意见》的分析与反思[J].中国特殊教育,2021(12):3-9.

[12]海玉娟,李良,肖树荣.美国适应体育教育政策演进的历程、特征及启示[J].体育成人教育学刊,2021,37(4):65-71.

[13]杭永宝.发展新时代融合教育关键在"融"——以江苏省常州市特殊教育改革为例[J].现代特殊教育,2020(17):8-11.

[14]胡碧颖.幼儿园学习环境质量评估对全纳教育的启示[J].中国特殊教育,2010,123(9):9-15.

[15]胡智锋,樊小敏.中国融合教育的发展、困境与对策[J].现代教育管理,2020(2):1-7.

[16]黄永秀,吴婕.我国融合教育政策的动力变迁及其优化路径[J].现代特殊教育,2021(14):8-13.

[17]金甫.开展有效融合教育的实践与探索[J].教书育人:校长参考,2020(3):16-17.

[18]李建云.普特融合教育"卫星班"式改革的实践与创新[J].辽宁教育,2020(20):49-52.

[19]李科,郭文斌.推动普通学校融合教育发展的思考[J].现代特殊教育,2022(5):68-70.

[20]李科,胡乐.融合教育背景下特殊教育学校转型发展的"温州模式"[J].浙江教学研究,2021(6):5-8.

[21]李拉.澳大利亚融合教育政策解析[J].中国特殊教育,2018(11):9-14.

[22]李拉.当代融合教育改革的目的——融合教育理论研究专题(一)[J].现代特殊教育,2021(15):7-10.

[23]李拉.当代融合教育改革的性质:观念、制度与实践的变革[J].现代特殊教育,2019(15):1.

[24]李拉.用好评价指挥棒,推动融合教育质量提升[J].现代特殊教育,2022(11):1.

[25]梁松梅.新时代融合教育呼唤融合教师队伍[J].基础教育论坛,2019

(36):1.

[26]林敏静.卫星班"一校多点"融合教育的实践探索[J].浙江教学研究,2021(6):12-16.

[27]刘春玲.新时代特殊教育师资培养的反思与建议[J].教育学报,2021,4(2):74-82.

[28]刘志彪.融合教育:家校合作的价值追求与实践反思[J].教育视界,2019(9):69-71.

[29]宓晨辉,常晓茗.融合教育的基础环境:对融合教育认知的调查研究[J].文教资料,2020(31):124-126.

[30]庞文.改革开放以来我国融合教育的演进脉络、经验反思与未来展望[J].残疾人研究,2020(4):51-60.

[31]彭兴蓬,林潇潇.特殊教育医教结合的反思:政策分析的视角[J].教育学报,2014,10(6):51-58.

[32]强永军.普通学校提高融合教育质量的支持策略探究[J].启迪,2022(8):90-91.

[33]沙鹏,沙均亭.培智学校"医教结合"康复教育模式实施的优化建议[J].中小学心理健康教育,2022(28):70-73.

[34]佘丽,冯灵,黄灿灿,等.国外职前教师融合教育素养培养实证研究新进展[J].中国特殊教育,2021(12):21-26.

[35]佘丽,兰艳,冯灵,等.国内外融合教育教师专业素养的研究现状及启示[J].教育与教学研究,2022,36(4):117-128.

[36]石云鹤.我国融合教育政策法规体系的现状与发展研究[D].哈尔滨:东北林业大学,2021.

[37]石云鹤.我国融合教育政策法规体系的现状与发展研究[M].哈尔滨:东北林业大学,2021(9):1-46.

[38]孙忠.新时代背景下融合教育高质量发展的区域设计与实践——以上海市静安区为例[J].现代特殊教育,2021(1):10-12.

[39]童骏华.提高融合教育师资培养质量的实践思考——以"杭州市新锐教

师培养工程"为例[J].现代特殊教育,2019(21):70-72.

[40]吴滨燕.日本通级指导对我国融合教育发展的启示[J].西部学刊,2020(20):111-113.

[41]向瑞.联合国特殊教育政策的历史演进[J].现代特殊教育,2022(6):42-47.

[42]熊琪.新西兰融合教育政策立法的嬗变历程、问题及启示[J].绥化学院学报,2018,38(10):6-12.

[43]许小燕,吴桂琴,顾佳云."十四五"融合教育发展规划刍议——以江苏省如皋市为例[J].绥化学院学报,2021,41(1):1-5.

[44]严丽萍,陈子月.融合教育"卫星班"模式的实施策略[J].现代特殊教育,2017(23):35-37.

[45]杨思帆,张希希.印度残疾儿童教育政策发展轨迹及问题评析[J].比较教育研究,2017,39(11):100-106.

[46]余玉珍,尹弘飚.香港融合教育政策下的教师专业发展[J].华南师范大学学报(社会科学版),2014(6):44-49,161-162.

[47]俞林亚.贯彻《残疾人教育条例》,推进特殊教育专家委员会建设——浙江省杭州市上城区探索发挥特殊教育专家委员会制度优势[J].现代特殊教育,2020(13):13-14.

[48]张博雅.学前融合教育品质之物理环境与特殊需求幼儿活动参与度之研究[D].新北:辅仁大学硕士学位论文,2008.

[49]张彩凤.试谈卫星班课程整合与调整策略[J].现代特殊教育,2018,340(13):23-24.

[50]张海涛.融合教育背景下的高等师范院校师资培养模式探索[J].产业与科技论坛,2017,16(20):274-275.

[51]张瀚文,赵斌.政策驱动视角下我国融合教育发展研究[J].现代特殊教育,2022(2):7-14.

[52]张洁华,朱剑平,吴筱雅.融合教育背景下上海市宝山区特殊教育医教结合管理机制的策略研究[J].中国特殊教育,2016(1):16-21.

[53]张军林.公平与优质的追求："快乐童星"融合教育建设与实践[J].浙江
    教学研究,2021(6):9-11.

[54]张丽君.中美学前融合教育社会支持比较研究[D].新乡:河南师范大
    学,2021.

[55]张玲,邓猛.新时代我国融合教育发展的本土模式与实践特色——基于
    《"十四五"特殊教育发展提升行动计划》的解读[J].残疾人研究,2022
    (1):40-47.

[56]张熠,陆振华.常熟市普通学校融合教育资源中心建设的实践探索[J].
    现代特殊教育,2020(9):23-25.

[57]郑伟,张茂聪,侯洁.美国融合教育的政策特点与实施效果[J].比较教育
    研究,2019,41(7):99-106.

[58]郑伟,张茂聪.英国融合教育的政策特点及其成效研究[J].外国教育研
    究,2020,47(5):27-41.

[59]周蕴,祁占勇.我国特殊教育政策研究热点的知识图谱分析[J].现代特
    殊教育,2017(8):7-14.

# 附　录

## 附录1　浙江省各地资源教室

示范性资源教室整体布局（天台县始丰小学）

感统训练区（一）

感统训练区（二）

感统训练区（三）

感统训练区（四）

精细动作训练区（一）

精细动作训练区（二）

精细动作训练区（三）

精细动作训练区（四）

个训区

# 附录2　随班就读资源教师职责

一、负责学校资源教室的建设和运作。负责对普通班级转介来的学生进行相关的评量。负责学校的随班就读校本培训。

二、要制定资源教室工作制度,建立资源教室工作流程,建立资源教室随班就读学生个案工作规范。对于学校随班就读工作小组推荐进入资源教室辅导的随班就读学生进行全程规划,全程跟踪管理。

三、应在学生入班2至4周内,根据学生的评量结果,会同普通班级教师共同拟订个别化教育计划,并根据学生不同情况可采用抽离式或附加式的补救教学和康复训练。

四、应根据学生的个别差异和需要,选编适当的教学内容和制作实用的教具。根据随班就读学生的需要,进行个别辅导和康复训练。

五、应建立与原班教师和学生家长之间的密切联系,为他们提供必要的咨询服务及追踪辅导。在本校开展班级的巡回指导服务,为本校的随班就读教师提供咨询和指导。

## 附录3 浙江省资源教室设备配置(建议)标准

| 类型 | 编号 | 名称 | 数量 | 建议配备的学校 |
|------|------|------|------|------|
| 一、办公用品 | 1 | 办公桌椅 | 1—2套 | 中学 小学 幼儿园 |
| | 2 | 学生课桌椅 | 5—8套 | |
| | 3 | 电脑 | 1—2套 | |
| | 4 | 文件柜 | 1—2套 | |
| | 5 | 特殊教育影像资料 | 50套以上 | |
| | 6 | 特殊教育书籍 | 50册以上 | |
| 二、感觉统合 | 7 | 感觉统合发展核对表(量表) | 1 | 小学 幼儿园 |
| | 8 | 万象组收拾袋 | 1 | |
| | 9 | 团队协力板/4人 | 1 | |
| | 10 | 独角椅(个) | 4 | |
| | 11 | 跳跃世界(中) | 1 | |
| | 12 | 魔术环(个) | 1 | |
| | 13 | 摇滚跷跷板 | 1 | |
| | 14 | 踩踏石 | 1 | |
| | 15 | 跳袋 | 1 | |
| | 16 | 88轨道(小) | 1 | |
| | 17 | 视力环(2个/对) | 1 | |

续表

| 类型 | 编号 | 名称 | 数量 | 建议配备的学校 |
|---|---|---|---|---|
| 一、<br>感觉<br>统合 | 18 | 羊角球(46cm) | 2 | 小学<br>幼儿园 |
| | 19 | 颗粒大龙球(85cm) | 1 | |
| | 20 | 大龙球(95cm) | 1 | |
| | 21 | 花生球(40cm×80cm) | 1 | |
| | 22 | 吊缆系列 | 1 | |
| | 23 | 大滑板 | 1 | |
| | 24 | 圆形小滑板 | 3 | |
| | 25 | 阳光隧道 | 1 | |
| | 26 | 乌龟垫 | 1 | |
| 三、<br>言语<br>语言<br>康复 | 27 | 特殊儿童听力功能的评估与训练(软件 DVD 光盘)原理篇、评估篇、应用篇、案例篇 | 1 | 小学<br>幼儿园 |
| | 28 | 特殊儿童言语功能的评估与训练(软件 DVD 光盘)原理篇、评估篇、应用篇、案例篇 | 1 | |
| | 29 | 语言康复训练指南(软件 CD 光盘)词语篇、语法篇、会话篇、礼貌篇、词汇与概念 | 1 | |
| | 30 | 特殊儿童语言能力的评估与训练(软件 DVD 光盘)原理篇、应用篇、案例篇;内含:语言康复训练指南 | 1 | |
| | 31 | 沟通辅具 | 1—3 | |
| | 32 | 沟通任意贴纸 | 3—6 | |
| | 33 | 临床康复用具(音位习得训练、词汇 1—2 概念训练、认知训练) | 1—2 | |
| 四、<br>心理和<br>行为干<br>预器材 | 34 | 心理干预<br>——心理障碍干预(男)指导卡片 A5(共 27 张)<br>——心理障碍干预(女)指导卡片 A5(共 27 张) | 1 | 小学<br>中学 |
| | 35 | 早期行为干预积木玩具、卡片 A5 | 1 | |

续表

| 类型 | 编号 | 名称 | 数量 | 建议配备的学校 |
|---|---|---|---|---|
| 四、心理和行为干预器材 | 36 | 社会行为障碍干预一日常生活指导卡片A5(共53张) | 1 | 小学<br>中学 |
| | 37 | 沙盘游戏 | 1 | |
| 五、认知干预 | 38 | 特殊儿童认知能力的评估与训练(软件DVD光盘)原理篇、应用篇、案例篇 | 1 | 幼儿园<br>小学 |
| | 39 | 蒙台梭利教具 | 1 | |
| | 40 | 福禄贝尔教具 | 1 | |
| | 41 | 聪明伶俐木脑袋 | 1 | |
| 六、补救教学 | 42 | 儿童书籍 | | 幼儿园<br>(42、43项)<br>小学<br>中学 |
| | 43 | 绘本 | | |
| | 44 | 生字卡片 | | |
| | 45 | 教具 | | |
| | 46 | 学具 | | |
| | 47 | 课件 | | |

备注:

1. 其中项目一、二、四、六,以及项目五的38为合格资源教室必备器材。

2. 项目三、五为示范性资源教室必备器材。

3. 各幼儿园、小学、中学可根据学校实际情况和需求逐年配备到位。

# 附录 4　个案基本资料

**一、基本资料**

| 学生姓名 | | 性别 | 出生日期 | 年　月　日 | 出生地 | |
|---|---|---|---|---|---|---|
| 现家庭住址 | | | | 户口所在地 | | |
| 有无残疾证 | | 障碍类型 | | | 障碍等级 | |

| 家庭成员 | 父亲 | | 职业 | | 年龄 | | 联系电话 | |
|---|---|---|---|---|---|---|---|---|
| | 母亲 | | 职业 | | 年龄 | | 联系电话 | |
| | | | 职业 | | 年龄 | | 联系电话 | |
| | | | 职业 | | 年龄 | | 联系电话 | |

| 主要监护人 | | 职业 | | 联系电话 | |
|---|---|---|---|---|---|
| 就读学校 | | 年级 | 班级 | 班主任 | |

**二、家庭生活及学习环境**

| 主要家庭成员及文化程度 | 父 | 母 | 兄/弟 | 姐/妹 | | | |
|---|---|---|---|---|---|---|---|
| | □大学以上<br>□初高中<br>□初中以下 | □大学以上<br>□初高中<br>□初中以下 | □大学以上<br>□初高中<br>□初中以下 | □大学以上<br>□初高中<br>□初中以下 | □大学以上<br>□初高中<br>□初中以下 | □大学以上<br>□初高中<br>□初中以下 | □大学以上<br>□初高中<br>□初中以下 |

| 居住条件 | □与父母住一屋　　□有独立寝室　　□有起居室　　□有独立客厅<br>□有阳台　　□有独立餐厅　　□有学习空间　　□有自己的活动空间 |
|---|---|

| 居住环境 | 住房类型：　□平房　　□楼房第＿＿＿层　　□其他<br>居住小环境：　□绿地　　□休闲地　□临街　　□其他<br>居住大环境：　□市区　　□城郊　　□农村　　□其他 |
|---|---|

| 邻里关系 | □熟悉　　□不熟悉<br>□友好　　□一般　　□不友好<br>必要时　□可以得到帮助　　□不易得到帮助　　□无法得到帮助 |
|---|---|

学习(班级)环境

续表

| 班级气氛 | (简述班风、对本班有特殊教育需求学生的接纳态度等) |
| --- | --- |
| 人际关系 | (简述有特殊教育需求学生与教师、同学和朋友关系等) |

三、身心健康情况

| | | |
| --- | --- | --- |
| 身体健康 | 听力 | □未见明显异常　□矫正后　左耳_____ db　右耳_____ db |
| | 视力 | □未见明显异常　□矫正后　左眼_____　右眼_____ |
| | 肢体 | □无障碍 □有障碍(障碍部位_____　障碍情况:_____) |
| | 伴随症状 | □癫痫　　□心脏病　□哮喘　□过动　□脑性麻痹　□蚕豆症<br>□精神疾病　　□无　　□其他_____ |
| | 服用药物 | □无　□有(药物名称_____服药时间_____副作用_____) |
| | 过敏 | □无　有(□食物过敏_____　□药物过敏_____) |
| | 其他疾病 | (如心脏病、肾脏病等): |
| | 特殊服务需求 | |

续表

| 心理特征 | 学习动机 | □求知欲较低,对学习兴趣不高<br>□有一定求知欲,依赖性强<br>□学习愿望不强烈,受情绪影响<br>□求知欲较高,能积极参与教学活动 | 学习品质 | □放弃回避学习中的困难、挫折<br>□辅助下能面对、克服困难<br>□在陪伴下能克服困难<br>□能独立克服困难,正确面对挫折 |
|---|---|---|---|---|
| | 学习习惯 | □丢三落四、无规矩,不能完成作业<br>□有一些学习习惯,但欠系统<br>□有一定的学习习惯,但潦草、正确率低<br>□有良好的学习习惯,能预习和复习 | 学习参与 | □不当众说话,提问也不回应<br>□能被动回答老师的问题<br>□能主动举手发言和参与小组讨论<br>□在课上积极发言,喜欢参加各种活动 |
| | 注意状态 | □不能静坐,不会等候<br>□对感兴趣学习内容有短暂注意<br>□上课时大部分时间能注意听讲<br>□能够专注地学完一节课 | 表达能力 | □发音口齿不清,表达能力较差<br>□有一定表达能力但欠完整<br>□能够表达完整的意思<br>□表达能力较强,能与他人进行沟通 |
| | 认知能力 | □能在提示下理解直观、形象事物<br>□只能理解直观、形象事物<br>□有一定抽象概括能力和综合能力<br>□有与普通学生相同的认知能力 | 交往能力 | □不能适应班级生活,与同学无交流<br>□能与个别同学比较自如地交往<br>□愿意与他人接触,参与活动<br>□与同学、老师交往自如,没有明显困难 |
| 特殊行为观察 | (对特殊行为作客观描述,如单位时间内发生的次数和程度等) | | | |

四、学习情况

| 过去学习经历 | 是否受过学前教育,或受过特殊教育、康复训练等 |
|---|---|

**续表**

| 现在学习情况 | 科目 | 学习成绩或状态描述 | 科目 | 学习成绩或状态描述 |
|---|---|---|---|---|
| | 语文 | | 数学 | |
| | | | | |
| | | | | |
| | | | | |

五、智力、社会适应能力测验结果摘要

| 韦氏智力测验 | (记录总智商,并分别记录言语智商和操作智商的得分,以及测验时的观察记录) |
|---|---|
| 其他智力测验 | 使用的量表名称和得到的标准分或智商分数等: |
| 适应能力测验 | 使用的量表名称和得到的标准分或等级分数: |
| 学习能力评价 | 使用的成就量表或观察表的名称和记录情况: |

六、课程评量

| 课程本位评量 | 语文、数学等学科课程版本、年级册数、学生测评成绩等: |
|---|---|

| 测试<br>工具<br>评量 | 感觉统合、动作、情绪等课程名称及测评结果： |
|---|---|
| 其他<br>课程<br>评量 | |

七、个人学习风格

优势学习渠道及学习偏好等：

八、综合分析

| 障碍<br>类型 | |
|---|---|
| 障碍<br>影响 | |
| 学习<br>优势 | |
| 发展<br>潜力 | |

教育训练的重点

| 动作 | |
|---|---|
| 语言<br>沟通 | |

续表

| 学科学习 | |
| --- | --- |
| 社会交往 | |

教育安置与对策建议

家长期望和建议

分析人员(签名)

# 附录5 班级教学实施方案

学生姓名：　　　　　　　　　　　　　　　教师姓名：

| 编号 | 个别化教学目标（短期目标） | 前测时间 | 分数 | 后测时间 | 分数 |
|------|------|------|------|------|------|
|  |  |  |  |  |  |
|  |  |  |  |  |  |
|  |  |  |  |  |  |
|  |  |  |  |  |  |
|  |  |  |  |  |  |

执行时间　　　年　　月　　日(第　　周)——　　　年　　月　　日(第　　周)

| 集体教学活动设计摘要 | 个别化目标教学活动设计 |
|------|------|
|  |  |
| 教学资源 |  |

# 附录6　补救教学实施方案

学生姓名:　　　　　　　　　　　　　　　　教师姓名:

| 编号 | 个别化教学目标(短期目标) | 前测时间 | 分数 | 后测时间 | 分数 |
|------|--------------------------|----------|------|----------|------|
|      |                          |          |      |          |      |
|      |                          |          |      |          |      |
|      |                          |          |      |          |      |
|      |                          |          |      |          |      |
|      |                          |          |      |          |      |
|      |                          |          |      |          |      |

执行时间　　　年　　月　　日(第　　周)——　　　年　　月　　日

| 个别补救教学活动设计 | 与相关教学配合 |
|----------------------|----------------|
|                      |                |

| 教学资源 | |
|----------|--|
|          |  |

## 附录7 浙江省××县资源教室工作评估自评表

| 一级指标 | 二级指标 | | 分值 | 自评 |
|---|---|---|---|---|
| 组织管理 20分 | 工作领导 | (1)有随班就读资源教室工作领导小组,但组长不是校长,主管干部每学期只过问一下工作。 | 1 | |
| | | (2)有随班就读资源教室工作领导小组,但组长不是校长,主管干部每学期多次参与研究工作并给予指导。 | 3 | |
| | | (3)校长亲自担任随班就读资源教室工作领导小组组长,每学期多次参与研究工作并给予指导。 | 5 | |
| | 工作网络 | (1)有随班就读资源教室工作实施的初步网络,但还需要进一步完善。 | 2 | |
| | | (2)有明确的随班就读资源教室工作实施网络,管理架构清晰,行之有效。 | 3 | |
| | 工作小组 | (1)有随班就读资源教室工作实施小组,有一定分工。 | 3 | |
| | | (2)有特殊需要学生筛查工作小组、安置工作小组、随班就读资源教室工作实施工作小组,分工明确,定期开展工作。 | 5 | |
| | 工作制度 | (1)有资源教室工作规章制度但未执行。 | 1 | |
| | | (2)有资源教室工作规章制度,执行一般。 | 3 | |
| | | (3)有系统的资源教室工作规章制度并且能够很好执行。 | 5 | |
| | 工作计划 | (1)随班就读资源教室工作纳入学校工作计划,每学期有工作安排。 | 1 | |
| | | (2)随班就读资源教室工作纳入学校工作计划,每学期有计划、有检查、有考核、有总结。 | 2 | |

续表

| 一级指标 | 二级指标 | | 分值 | 自评 |
|---|---|---|---|---|
| 资源教师团队建设20分 | 首席资源教师 | (1)有兼职首席资源教师。 | 2 | |
| | | (2)有专职首席资源教师。 | 4 | |
| | 资源教师团队 | (1)有资源教师团队,但团队成员各做各的,偶尔一起研讨资源教室个案的教育教学和训练工作。 | 2 | |
| | | (2)在首席资源教师的带领下,资源教师团队分工合作、互相支持,定期研讨资源教室个案的教育教学和训练工作。 | 4 | |
| | 资源教师持续培养 | (1)首席资源教师曾参加过地市级以上的资源教室工作专题培训。 | 1 | |
| | | (2)学校系统规划资源教师团队成员的特殊教育专业成长,持续培养资源教师,不断提高资源教师、随班就读班级的班主任和任课教师的特殊教育专业能力。 | 3 | |
| | 全员培训 | (1)已经零星开展培训。 | 1 | |
| | | (2)每学期定期对本校随班就读学生班级教师进行培训。 | 2 | |
| | | (3)每学期定期对本校全体教师进行系统培训。 | 3 | |
| | 家长培训 | (1)曾经培训过,但没有坚持。 | 1 | |
| | | (2)能经常与家长联系,坚持定期培训,效果明显。 | 2 | |
| | 随班就读教研活动 | (1)学校有随班就读教研组,偶尔开展教研活动,效果一般。 | 1 | |
| | | (2)学校有随班就读教研组,有系统地定期开展教研活动,效果明显。 | 2 | |
| | 特殊教育信息提供 | (1)未主动提供或只是在教师有要求时提供。 | 1 | |
| | | (2)每学期定期提供特殊教育信息,主动为实施随班就读教育工作的教师及家长提供服务。 | 2 | |

续表

| 一级<br>指标 | 二级指标 | | 分值 | 自评 |
|---|---|---|---|---|
| 资源<br>教室<br>建设<br>15分 | 场地 | (1)有兼用的资源教室。 | 2 | |
| | | (2)有独立的资源教室。 | 5 | |
| | 设备 | (1)设备极其简陋。 | 1 | |
| | | (2)能按要求添置部分设备。 | 3 | |
| | | (3)设备比较齐全,特殊教育专业书籍及相关资料比较<br>丰富。 | 5 | |
| | 利用率 | (1)偶尔使用设备。 | 1 | |
| | | (2)不定期使用设备。 | 3 | |
| | | (3)定期、经常使用设备,特殊教育资源利用率高,作用<br>明显。 | 5 | |
| 资源<br>教室<br>个案<br>管理<br>25分 | 工作<br>流程 | (1)有初步的资源教室个案管理工作流程或流程框架。 | 1 | |
| | | (2)有完整系统的资源教室个案管理工作流程,明确规<br>定每一步骤要做的工作。 | 3 | |
| | 课程表 | (1)有资源教室课表,但课表不够全面或未能很好执行。 | 1 | |
| | | (2)有资源教室个案、教师及教室的课程安排表,并较好<br>地按照课表执行。 | 3 | |
| | 筛查<br>认定<br>安置 | (1)有筛查认定安置工作制度和流程,已开展筛查、认定<br>和安置工作。 | 1 | |
| | | (2)有完整的筛查认定安置工作制度和流程,筛查者经<br>过培训,操作规范、熟练;认定和安置流程到位。 | 3 | |
| | 成长<br>档案 | (1)已建立,但资料不全。 | 1 | |
| | | (2)已建立,资料齐全,存放有序,使用方便。 | 3 | |
| | 研判会 | (1)有召开学生能力发展综合分析研判会,但只有语、数<br>教师参加或只是开过一次研判会。 | 1 | |
| | | (2)每学年每个资源教室个案都开研判会一次以上,每<br>次研判会相关学科教师均参加。 | 3 | |
| | 个别化<br>教育<br>计划 | (1)已制订计划,计划详细合理。 | 1 | |
| | | (2)已制订计划,严格执行,记录翔实,效果较好。 | 3 | |

续表

| 一级指标 | 二级指标 | | 分值 | 自评 |
|---|---|---|---|---|
| 资源教室个案管理25分 | 辅导与训练的落实 | (1)偶尔进行。 | 1 | |
| | | (2)能坚持进行,但效果不明显。 | 2 | |
| | | (3)能按要求坚持进行,记录翔实,效果明显。 | 3 | |
| | 家校合作 | (1)有家校合作,但教师或家长比较被动。 | 1 | |
| | | (2)家校合作积极主动、全面、系统、深入。 | 2 | |
| | 咨询服务 | (1)偶尔为随班就读教师和家长提供咨询服务。 | 1 | |
| | | (2)定期、主动为随班就读教师和家长提供咨询服务,效果明显。 | 2 | |
| 工作成效20分 | 适宜安置 | (1)部分轻度残疾儿童能进入资源教室得到补救教学和帮助。 | 4 | |
| | | (2)所有轻度残疾儿童均能进入资源教室得到补救教学和帮助。 | 8 | |
| | | (3)除残疾儿童外还能安排部分学习障碍学生进入资源教室接受补救教学。 | 10 | |
| | 明显进步 | (1)有特殊教育需要学生通过资源教室补救教学与训练,有一定进步。 | 2 | |
| | | (2)有特殊教育需要学生通过资源教室补救教学与训练,有明显进步。 | 5 | |
| | 支持系统 | (1)学校有接纳、帮助随班就读学生氛围,校长积极主动地关心和支持随班就读资源教室工作。 | 2 | |
| | | (2)学校中层以上干部都积极主动地关心和支持随班就读资源教室工作。全校教职员工积极支持随班就读班级,以更好地开展特殊教育需要学生教育和训练工作。 | 5 | |
| 合计 | | | 100 | |

| 一级指标 | 二级指标 | 分值 | 自评 |
|---|---|---|---|
| 加分项目<br>10分 | 有特色的工作与措施,个案干预工作效果明显,开展课题研究和论文获奖等酌情加分。加分办法:<br>1.值得推广的工作特色或特色措施(2分);<br>2.个案干预工作效果明显(每个个案1分);<br>3.近三年省立项课题(每个2分),市立项课题(每个1分),县立项课题(每个0.5分);<br>4.近三年省基础教育论文评比获奖(每篇一等奖5分,二等奖3分,三等奖1分);<br>5.近三年全国特殊教育论文评比和市基础教育论文评比及省特殊教育论文评比获奖(每篇一等奖2分,二等奖1分,三等奖0.5分);<br>6.近三年市特殊教育论文评比和县基础教育论文评比(每篇一等奖1分,二等奖0.5分,三等奖0.1分)。<br>资源教师撰写的案例获奖、资源教师自制教具获奖和资源教师制作的课件获奖等,均按照同级获奖论文加分分值的一半加分,同一篇论文多次获奖不重复计分,以最高奖项为准。 | | |
| 备注 | 学校对照《××县资源教室工作评估自评表》如实进行自评。<br>评分达到60—80分为合格资源教室;80分及以上为示范性资源教室,将有机会获报送市示范性资源教室。 | | |

# 附录8　常见感统器材的主要作用

| 品名 | 主要作用 | 主要刺激部位 | 品名 | 主要作用 | 主要刺激部位 |
|---|---|---|---|---|---|
| 滑梯 | 平衡、协调、控制 | 前庭、触觉 | 三角形滑车 | 平衡、控制 | 前庭、本体 |
| 方形滑车 | 平衡、控制 | 前庭 | 圆形滑车 | 平衡、控制 | 前庭、本体 |
| 圆形滑车 | 平衡、控制 | 前庭 | 大陀螺 | 平衡、控制 | 前庭 |
| 平衡触角板 | 平衡 | 前庭、本体 | 摇滚跷跷板 | 平衡、协调、控制 | 前庭、本体 |
| 太极平衡板 | 平衡 | 前庭、本体 | 踩踏石 | 协调、控制 | 前庭、本体 |
| 跳袋 | 平衡、协调 | 前庭、本体 | 8S轨道 | 平衡、协调、控制 | 前庭、本体 |
| 上下转盘 | 平衡、控制 | 本体 | 手摇旋转盘 | 平衡、协调、控制 | 本体 |
| 独脚凳 | 平衡、控制 | 前庭 | 万象组合 | 平衡、协调、控制 | 前庭、本体 |
| 平衡台(普通) | 平衡、控制 | 前庭 | 前后平衡台 | 平衡、协调、控制 | 前庭、本体 |
| 左右平衡台 | 平衡、控制 | 前庭、本体 | S形平衡台 | 平衡、协调、控制 | 前庭、本体 |
| 平衡踩踏车 | 平衡、协调、控制 | 前庭、本体 | 踩踏协力车 | 平衡、协调、控制 | 前庭、本体 |
| 圆形跳床 | 平衡、控制 | 前庭、本体 | 插棍 | 控制 | 本体 |
| 圆筒吊缆 | 平衡、控制 | 前庭 | A字架 | 控制 | 本体 |
| 1/4圆平衡木 | 平衡、控制 | 前庭 | 平衡步道 | 平衡、协调、控制 | 前庭、本体 |
| 创意接龙 | 协调、控制 | 前庭、本体 | 脚步器 | 协调、控制 | 前庭、本体 |
| 滚桶 | 协调、控制 | 前庭 | 彩虹伞 | 协调、控制 | 前庭、本体 |
| 拳击袋 | 协调、控制 | 本体 | 扭扭车 | 平衡、协调、控制 | 前庭、本体 |
| 半圆平衡石 | 平衡、协调、控制 | 前庭、本体 | 充气跳马 | 平衡、协调 | 前庭、本体 |

| 品名 | 主要作用 | 主要刺激部位 | 品名 | 主要作用 | 主要刺激部位 |
|---|---|---|---|---|---|
| 排排走板 | 平衡、协调、控制 | 前庭、本体 | 四脚晃动平衡木 | 平衡、协调 | 前庭、本体 |
| 晃动平衡木 | 平衡、协调、控制 | 前庭、本体 | 梅花墩 | 协调、控制 | 前庭、本体 |
| 五环连接王 | 协调、控制 | 本体 | 大积木 | 协调、控制 | 前庭、本体 |
| 软体大积木 | 协调、控制 | 前庭、本体 | 半月弯组合 | 协调、控制 | 前庭、本体 |
| 彩虹接龙 | 协调、控制 | 前庭、本体 | 海洋球池 | 协调、控制 | 触觉、本体 |
| 海洋球(7cm) | 控制 | 触觉 | 按摩球(8cm) | 控制 | 触觉、本体 |
| 按摩球(18cm) | 控制 | 触觉 | 按摩球(85cm) | 控制 | 触觉、本体 |
| 足部按摩球 | 控制 | 触觉、本体 | 脊柱坐垫 | 控制 | 前庭、本体 |
| 触觉坐垫 | 控制 | 触觉 | 趴地推球(18cm) | 协调、控制 | 本体 |
| 大龙球(100cm) | 平衡、协调、控制 | 前庭、本体 | 花生球80cm×40cm | 协调、控制 | 前庭、本体 |
| 羊角球 | 平衡、协调、控制 | 前庭、本体 | 拉环羊角球(45cm) | 协调、控制 | 前庭、本体 |
| 贴花球(25cm) | 协调、控制 | 前庭、本体 | 贴花球(25cm) | 协调、控制 | 前庭、本体 |
| 喷花球(25cm) | 协调、控制 | 前庭、本体 | 喷花球(22cm) | 协调、控制 | 前庭、本体 |
| 透明球(25cm) | 协调、控制 | 前庭、本体 | 透明球(20cm) | 协调、控制 | 前庭、本体 |

## 附录9　浙江省特殊教育卫星班设施设备基本配置清单

### 一、办公设备

| 编号 | 名称 | 数量 | 备注 |
|---|---|---|---|
| 1 | 学生课桌椅 | 6—12套 | 教室 |
| 2 | 矮柜 | 4 | 教室 |
| 3 | 电脑 | 4 | 教室1台,办公室3台 |
| 4 | 电子白板 | 1 | 教室 |
| 5 | 实物投影 | 1 | 教室 |
| 6 | 塑料方桌椅子(一桌四椅) | 4—6套 | 教室,小组教学用 |
| 7 | 单人床 | 1 | 教室 |
| 8 | 办公桌椅 | 4 | 办公室 |
| 9 | 文件柜 | 6 | 办公室 |
| 10 | 电话传真扫描复印一体机 | 1 | 办公室 |
| 11 | 彩色打印机 | 1 | 办公室 |
| 12 | 沙发 | 1 | 办公室/接待 |
| 13 | 塑封机 | 1 | 办公室 |
| 14 | 裁纸机 | 1 | 办公室 |
| 15 | 装订机 | 1 | 办公室 |
| 16 | 墙面软包 | | 康复训练室 |
| 17 | 特殊教育专业书籍 | | 办公室、教师用 |
| 18 | 儿童图书 | | 教室、学生用 |
| 19 | 儿童阅读书架 | 2个 | 教室 |
| 20 | 教具学具框/收纳箱 | 30—50个 | 教室 |

## 二、康复设备

| 编号 | 项目名称 | 参考图片 | 单位 | 数量 | 备注 |
|---|---|---|---|---|---|
| 1 | 儿童整合运动训练系列 | | 套 | 1 | 粗大动作训练 |
| 2 | 豆袋 | | 套 | 1 | 粗大动作训练 |
| 3 | 蹦跳袋 | | 套 | 1 | 粗大动作训练 |
| 4 | 攀爬网 | | 套 | 1 | 粗大动作训练 |
| 5 | 横杆 | | 套 | 1 | 粗大动作训练 |
| 6 | 攀岩墙 | | 套 | 1 | 粗大动作训练 |
| 7 | 竖杆 | | 套 | 1 | 粗大动作训练 |

续表

| 编号 | 项目名称 | 参考图片 | 单位 | 数量 | 备注 |
|------|----------|----------|------|------|------|
| 8 | 滑梯肋木 | | 套 | 1 | 粗大动作训练 |
| 9 | 秋千滚桶 | | 套 | 1 | 粗大动作训练 |
| 10 | 吊拉器 | | 套 | 1 | 粗大动作训练 |
| 11 | 压力轴 | | 套 | 1 | 粗大动作训练 |
| 12 | 单座秋千 | | 套 | 1 | 粗大动作训练 |
| 13 | 攀打器 | | 套 | 1 | 粗大动作训练 |
| 14 | 摇摇袋 | | 套 | 1 | 粗大动作训练 |

| 编号 | 项目名称 | 参考图片 | 单位 | 数量 | 备注 |
|---|---|---|---|---|---|
| 15 | 站立秋千 | | 套 | 1 | 粗大动作训练 |
| 16 | 地垫软包 | | 平方米 | 16 | 粗大动作训练 |
| 17 | 可调节滑梯 | | 套 | 1 | 感觉统合 |
| 18 | 圆形小滑板 | | 个 | 2 | 感觉统合 |
| 19 | 新万象组合套装 | | 套 | 1 | 感觉统合 |
| 20 | 双人平衡台 | | 个 | 1 | 感觉统合 |
| 21 | 木质平衡踩踏板 | | 个 | 1 | 感觉统合 |
| 22 | 平衡触觉板 | | 套 | 1 | 感觉统合 |

续表

| 编号 | 项目名称 | 参考图片 | 单位 | 数量 | 备注 |
|---|---|---|---|---|---|
| 23 | 魔术环(个) | | 个 | 1 | 感觉统合 |
| 24 | 刷身刷 | | 套 | 1 | 感觉统合 |
| 25 | 踩踏石 | | 套 | 1 | 感觉统合 |
| 26 | 跳袋 | | 个 | 1 | 感觉统合 |
| 27 | 阳光隧道组合 | | 套 | 1 | 感觉统合 |
| 28 | 双人踩踏车 | | 辆 | 1 | 感觉统合 |
| 29 | 独脚凳 | | 个 | 1 | 感觉统合 |

| 编号 | 项目名称 | 参考图片 | 单位 | 数量 | 备注 |
|---|---|---|---|---|---|
| 30 | 软垫围边圆形跳床 | | 个 | 1 | 感觉统合 |
| 31 | 滑面大笼球套装 | | 套 | 1 | 感觉统合 |
| 32 | 粗面大笼球套装 | | 套 | 1 | 感觉统合 |
| 33 | 花生球 | | 套 | 1 | 感觉统合 |
| 34 | 柱体球 | | 只 | 1 | 感觉统合 |
| 35 | 羊角球组合 | | 套 | 1 | 感觉统合 |
| 36 | 高弹球 | | 套 | 30 | 感觉统合 |
| 37 | 团队协力板/4 人 | | 套 | 1 | 感觉统合 |

续表

| 编号 | 项目名称 | 参考图片 | 单位 | 数量 | 备注 |
|------|----------|----------|------|------|------|
| 38 | 数字游戏布 | | 套 | 1 | 感觉统合 |
| 39 | 学习转 | | 套 | 1 | 动作与认知 |
| 40 | 大中型软积木 | | 套 | 1 | 动作与认知 |
| 41 | 猜测感知游戏 | | 套 | 1 | 动作与认知 |
| 42 | 玩具铁路套装 | | 套 | 1 | 动作与认知 |
| 43 | 管道板组合 | | 套 | 1 | 动作与认知 |
| 44 | 轨道交通 | | 套 | 1 | 动作与认知 |
| 45 | 可插卡骰子 | | 个 | 1 | 动作与认知 |

| 编号 | 项目名称 | 参考图片 | 单位 | 数量 | 备注 |
|------|----------|----------|------|------|------|
| 46 | 识图拼积木 | | 套 | 1 | 动作与认知 |
| 47 | 缝扣子游戏 | | 套 | 1 | 动作与认知 |
| 48 | 夹夹乐 | | 套 | 1 | 动作与认知 |
| 49 | 多种锁扣 | | 套 | 1 | 动作、认知 生活自理 |
| 50 | 三维空间 | | 套 | 1 | 动作与认知 |
| 51 | 字母印章 | | 套 | 1 | 动作与认知 |
| 52 | 时钟计时器 | | 套 | 1 | 计时 |
| 53 | 数学认知地毯 | | 套 | 1 | 动作与认知 |

续表

| 编号 | 项目名称 | 参考图片 | 单位 | 数量 | 备注 |
|------|----------|----------|------|------|------|
| 54 | ZM 创意拼接杆 | | 套 | 1 | 动作与认知 |
| 55 | 五形小花片 | | 袋 | 1 | 动作与认知 |
| 56 | 大串珠 | | 袋 | 1 | 动作与认知 |
| 57 | 小串珠 | | 袋 | 1 | 动作与认知 |
| 58 | 小热带鱼 | | 袋 | 1 | 动作与认知 |
| 59 | 大热带鱼 | | 袋 | 1 | 动作与认知 |
| 60 | 配对螺型 | | 袋 | 1 | 动作与认知 |
| 61 | 计数棒 | | 袋 | 1 | 动作与认知 |

| 编号 | 项目名称 | 参考图片 | 单位 | 数量 | 备注 |
|------|----------|----------|------|------|------|
| 62 | 软质动物 | | 袋 | 1 | 动作与认知 |
| 63 | 软质家禽 | | 袋 | 1 | 动作与认知 |
| 64 | 圆形透明片 | | 袋 | 1 | 动作与认知 |
| 65 | 数字砝码熊 | | 袋 | 1 | 动作与认知 |
| 66 | 彩色穿线算盘珠 | | 袋 | 1 | 动作与认知 |
| 67 | 2cm 连接 | | 袋 | 1 | 动作与认知 |
| 68 | 透明六形装量杯 | | 袋 | 1 | 动作与认知 |
| 69 | 科学天平 | | 袋 | 1 | 动作与认知 |

**续表**

| 编号 | 项目名称 | 参考图片 | 单位 | 数量 | 备注 |
|------|----------|----------|------|------|------|
| 70 | 八形几何容器<br>（8个/盒） | | 盒 | 1 | 动作与认知 |
| 71 | 双向触摸盒 | | 套 | 1 | 动作与认知 |
| 72 | 识图叠叠高 | | 套 | 1 | 动作与认知 |
| 73 | 测量游戏 | | 套 | 1 | 动作与认知 |
| 74 | 聪明的手柄 | | 套 | 2 | 动作与认知 |
| 75 | 蒙特梭利教具<br>（含教具柜） | | 套 | 1 | 动作与认知<br>生活自理 |
| 76 | 剪刀放置盒 | | 套 | 1 | 动作与认知 |
| 77 | 旋转打孔器 | | 个 | 1 | 动作与认知 |

| 编号 | 项目名称 | 参考图片 | 单位 | 数量 | 备注 |
|------|---------|---------|------|------|------|
| 78 | 曲线剪刀 | | 套 | 1 | 动作与认知 |
| 79 | 图案制作器 1 | | 套 | 1 | 动作与认知 |
| 80 | 图案制作器 2 | | 套 | 1 | 动作与认知 |
| 81 | 图案制作器 3 | | 套 | 1 | 动作与认知 |
| 82 | 图案制作器 4 | | 套 | 1 | 动作与认知 |
| 83 | 气息运动<br>桌面游戏套装 | | 套 | 1 | 言语语言 |
| 84 | 材料存放柜 | | 套 | 3 | — |
| 85 | 感觉统合评估量表 | — | 套 | 1 | 评估工具 |
| 86 | 小肌肉评估工具包 | — | 套 | 1 | 评估工具 |
| 87 | PEP3 自闭症<br>评估工具包 | — | 套 | 1 | 评估工具 |
| 88 | 安全配件 A01 | — | 套 | 2 | 安全保护 |

续表

| 编号 | 项目名称 | 参考图片 | 单位 | 数量 | 备注 |
|---|---|---|---|---|---|
| 89 | 安全配件 B03 | | 套 | 4 | 安全保护 |
| 90 | 便携式听觉康复套装 | | 套 | 1 | 选配<br>(适合听障和<br>智障学生使用) |
| 91 | 言语评估与矫治系统 | | 套 | 1 | 选配<br>(适合听障和<br>智障学生使用) |
| 92 | 普通画册和图片 | | 套 | 1 | 选配<br>(适合低视力<br>学生使用) |
| 93 | 低视力训练图谱 | | 套 | 1 | 选配<br>(适合低视力<br>学生使用) |
| 94 | 手电筒 | | 支 | 1 | 选配<br>(适合低视力<br>学生使用) |

续表

| 编号 | 项目名称 | 参考图片 | 单位 | 数量 | 备注 |
|------|----------|----------|------|------|------|
| 95 | 光箱 | | 套 | 1 | 选配<br>（适合低视力学生使用） |
| 96 | 发光球体 | | 套 | 1 | 选配<br>（适合低视力学生使用） |
| 97 | 发光小灯组合 | | 套 | 1 | 选配<br>（适合低视力学生使用） |
| 98 | 长串彩灯 | | 套 | 1 | 选配<br>（适合低视力学生使用） |
| 99 | 有声图卡学习机 | | 套 | 1 | 选配<br>（适合视障学生使用） |

# 附录 10　特殊教育办学质量评价指标

| 重点内容 | 关键指标 | 考察要点 |
|---|---|---|
| A1.政府履行职责 | B1.坚持正确方向 | 1.加强党的全面领导,贯彻党的教育方针,落实立德树人根本任务,遵循特殊教育规律,以适宜融合为目标,促进特殊儿童自尊、自信、自强、自立,实现最大限度的发展。<br>2.坚持人民立场,将办好特殊教育纳入政府为民办实事工程,落实特教特办,加大政策、资金、项目倾斜力度,加快健全特殊教育体系,补齐教育高质量发展的最短板。 |
| | B2.统筹规划布局 | 3.根据适龄特殊儿童数量变化及其分布,合理规划特殊教育资源布局,形成以普通学校随班就读和特教班为主体,以特教教育学校为骨干,以送教上门和远程教育为补充的特殊教育发展格局。<br>4.各普通学校均应接收区域内具备接受普通教育能力的特殊儿童随班就读,其中应包含一定数量的优质学校;人口 20 万以上的县(市、区)独立设置一所通过标准化验收的特殊教育学校;人口不足 20 万的县(市、区)因地制宜设立教育、康复等设施完善的特教班;有条件的地方建立从幼儿园到高中十五年一贯制的特殊教育学校。<br>5.健全完善从学前至高中阶段的特殊教育办学体系,特殊教育学校和有条件的儿童福利机构、残疾儿童康复机构增设学前部或附设幼儿园,有条件的地方设置专门招收特殊儿童的幼儿园(班);加大高中阶段特殊教育学位供给,特殊教育学校增设职教部(班)和普通高中部(班),普通中等职业学校增设特教部(班)。 |
| | B3.改善办学条件 | 6.新建、改建、扩建各级各类学校符合《无障碍环境建设条例》等相关文件要求,为特殊儿童在校学习生活提供无障碍支持服务。<br>7.为特殊教育学校和开展随班就读的普通学校配足配齐满足需求的教育教学、康复训练等仪器设备和图书。<br>8.完善随班就读资源支持体系,每个县(市、区)依托现有资源建设县级特殊教育资源中心;每个乡镇(街道)设有校级特殊教育资源中心;接收 5 人及以上特殊儿童随班就读的普通学校设有特殊教育资源教室;对接收特殊儿童的普通学校给予必要的支持。 |

| 重点内容 | 关键指标 | 考察要点 |
|---|---|---|
| A1.政府履行职责 | B4.强化经费保障 | 9.义务教育阶段特殊教育生均公用经费补助标准达到国家规定标准,有条件的地方可适当提高补助水平,并确保足额拨付到位;随班就读、特教班和送教上门的义务教育阶段生均公用经费标准按特殊教育学校执行;学前、高中阶段生均拨款政策向特殊教育倾斜。<br>10.设立特殊教育补助经费,加强基础能力建设。<br>11.对特殊学生学习用品、干预训练及送教上门教师交通费补助予以保障。<br>12.对家庭经济困难残疾学生实行高中阶段免费教育,确保家庭经济困难残疾学生优先获得资助。 |
|  | B5.健全工作机制 | 13.建立健全政府主导,教育部门牵头,发展改革、民政、财政、人力资源社会保障、卫生健康、残联等部门和单位协调联动、密切配合的特殊教育工作推进机制。<br>14.成立特殊教育专家委员会,建立科学完善的特殊儿童筛查评估工作制度并予以落实。<br>15.建立特殊儿童招生入学联动工作机制,压实义务教育阶段普通学校接收特殊儿童随班就读工作责任,同等条件下在招生片区内就近就便优先安排特殊儿童少年入学,能够入校就读的残疾儿童不纳入送教上门范围,确保适宜安置,保障具备学习能力的适龄特殊儿童不失学辍学。<br>16.合理安排完成九年义务教育且有继续升学意愿的残疾学生参加初中学业水平考试或单独组织的特殊招生考试;为残疾学生参加国家教育考试提供必要支持和合理便利条件。<br>17.政府教育督导部门把特殊教育纳入教育督导范围,将特殊教育事业发展情况和群众满意度纳入政府年度考核,将随班就读情况纳入普通学校年度考核,特殊教育学校接受区域年度考核和综合督导。 |

续表

| 重点内容 | 关键指标 | 考察要点 |
|---|---|---|
| A2.<br>课程<br>教学<br>实施 | B6.<br>规范<br>课程<br>设置 | 18.特殊教育学校贯彻落实特殊教育学校课程方案、课程标准,开齐开足开好国家规定课程,规范使用审定后的特殊教育学校教材,结合学校特色积极开设校本课程,加强学校自选教学材料的审核把关。<br>19.开展随班就读或设有特教班的普通学校根据国家普通中小学课程方案、课程标准和统一教材要求,结合每位特殊学生的实际情况,合理调整课程教学内容;可参照特殊教育学校课程方案增设特殊课程,参照使用审定后的特殊教育学校教材。 |
| | B7.<br>优化<br>教学<br>方式 | 20.针对特殊学生的特点制定个别化教育教学方案,在精准分析学情的基础上因材施教,注重全面发展、潜能开发、缺陷补偿,提升课堂教学的针对性和有效性。<br>21.根据特殊学生需要采取多样化的教学方式、手段,提供必要的教具、学具,注重启发式、探究式、直观性教学,促进特殊学生多感官参与,激发学习的主动性和积极性。<br>22.创设融合教育教学环境,精心设计和组织教学活动,注重差异教学与个别指导,合理运用信息技术,提供丰富的教学资源,在必要时建立同伴互助制度,为特殊学生配备助学伙伴或助教等,组织合作学习,适当调整作业量与完成方式,使特殊学生最大限度融入课堂。<br>23.制订并实施送教上门教育教学计划,规范送教上门的程序、形式与内容,加强送教上门过程管理,保证送教上门课时量,探索线上线下相结合的教学模式,采取个别送教或集中授课等形式,提高送教上门质量。<br>24.招收听力和视力残疾学生的特殊教育学校(班)在教育教学中按照国家有关规定使用国家通用手语和国家通用盲文。 |
| | B8.<br>开展<br>多元<br>评价 | 25.健全特殊学生综合素质评价办法,遵循特殊学生身心发展特点和特殊教育规律,开展过程性评价,实施个别化、多元化评价,依据评价结果改进教育教学工作。<br>26.根据合理便利原则,结合特殊学生需求,合理调整评价方式与评价内容,提供便利条件,将思想品德、学业水平、身心健康、艺术素养掌握情况作为基本评价内容,突出对社会适应能力培养、心理生理矫正补偿和劳动技能等方面的综合评价。 |
| | B9.<br>康复<br>辅助<br>支持 | 27.将医疗康复与特殊教育融合,充分利用辅助技术最大限度减少特殊学生的功能障碍,支持学生更好地参与学校生活。<br>28.精准了解学生的康复需求,加强针对性康复训练,训练内容与实际生活、教育教学相结合,注重发挥学生的主观能动作用,提升特殊学生在动作、感知觉、认知发展、沟通与交往、情绪与行为等方面的基本技能。 |

| 重点内容 | 关键指标 | 考察要点 |
|---|---|---|
| A3.<br>教师队伍建设 | B10.<br>提升师德水平 | 29.引导教师关心热爱特殊教育,尊重关爱特殊学生,富有爱心、责任心、耐心、细心和恒心;严肃查处师德失范行为。<br>30.提高特殊教育教师的职业成就感与幸福感,关注教职员工的思想状况,并帮助解决心理健康问题,加强人文关怀与心理辅导,促进教师身心健康。 |
| | B11.<br>配齐师资力量 | 31.完善特殊教育教师资格准入制度,实行特殊教育教师拥有"教师资格证"和接受特殊教育相关培训制度。<br>32.依照标准足额核定教职工编制,实行动态管理;不存在挤占、挪用、截留特殊教育教职工编制的情况。特殊教育学校配足配齐承担教学、康复等工作的特殊教育教师和相关专业人员;县级特殊教育资源中心合理配置巡回指导教师;县级资源中心和普通学校特殊教育资源教室配备资源教师,保障资源中心(教室)充分发挥作用;引入社工、康复师等人员承担随班就读特殊学生、特殊教育学校重度残疾学生的照护以及康复训练、辅助教学等工作。<br>33.各类教师符合国家规定的特殊教育教师专业标准要求,巡回指导教师和资源教师为特殊教育专业毕业,或接受省级教育行政部门组织的特殊教育专业培训并考核合格,具有较丰富特殊教育教学和康复训练经验;随班就读教师具有一定特殊教育素养,更加富有仁爱之心和责任心。<br>34.县级教研机构配备特殊教育专职教研员,提高教研员队伍的专业素质和指导水平。 |
| | B12.<br>助力专业发展 | 35.定期组织开展特殊教育学校和随班就读普通学校的校长、教师全员培训,使教师具备较强的教育评估、教育教学、学习环境创设和家庭教育指导等能力;将融合教育纳入普通学校教师继续教育必修内容,提升所有教师的特殊教育专业素养;提升特殊教育教师家庭教育指导力度,加强相关培训;对特殊教育教师的培训5年为一周期,不少于360学时。<br>36.开展跨区域教研、校际联合教研、普特联合教研,健全校本教研制度,定期组织特殊教育专题教研活动;积极开展特殊教育教师教学基本功展示交流活动。 |
| | B13.<br>提高待遇保障 | 37.落实特殊教育教师津贴标准,特殊教育教师根据国家有关规定享受特殊岗位补助津贴及其他待遇。<br>38.教育主管部门在评估及荣誉、奖励、培训等方面向特殊教育学校倾斜。普通学校在绩效考核、工资分配和评优评先等工作中,对直接承担特殊学生教育教学、管理工作的教师给予适当倾斜。<br>39.在教师职称评聘体系中实行特殊教育教师分类评价,职称岗位评定向特殊教育教师倾斜;在培训进修、表彰奖励、职务评聘等方面,为特殊教育教师制定优惠政策、提供专门机会;在课题立项、教育教学成果评选等方面,同等条件下优先支持特殊教育教师;大力宣传优秀特殊教育教师先进事迹。 |

续表

| 重点内容 | 关键指标 | 考察要点 |
|---|---|---|
| A4.学校组织管理 | B14.完善学校管理 | 40.保障特殊儿童平等权益,不得拒绝招收符合法律、法规规定条件的特殊儿童入学。<br>41.制定学校发展规划,健全特殊教育工作机制,加强人财物支持,保障学校特殊教育工作顺利开展。<br>42.树立公平的教育观和正确的质量观,引导每一位教师提升特殊教育专业素养,为每一名特殊儿童提供适宜的教育。<br>43.学校要主动密切家校沟通,加强家庭教育指导,积极争取特殊儿童所在社区帮助,为全社会关心支持特殊儿童健康成长创造条件。 |
| | B15.创设无障碍环境 | 44.按照安全、适用、环保、坚固的原则,配备各类无障碍设施设备,做好无障碍物理环境建设,为特殊学生的学习、康复和生活辅导提供有效支持。<br>45.优化无障碍校园人文环境,培育尊重生命、包容接纳、平等友爱、互帮互助的文化氛围,消除对特殊学生的歧视和偏见,把生命多样化观念、融合发展理念办成学校鲜明的特色。<br>46.推进特殊教育智慧校园、智慧课堂建设,有效应用特殊教育数字化课程教学资源,推动信息无障碍建设,使得特殊学生能够平等、顺畅地获得各类信息资源,平等参与学校学习与生活。 |
| A5.学生适宜发展 | B16.思想道德素质 | 47.爱党爱国爱人民,具备良好的道德素养;明理守法讲诚信,具有积极的心理品质和乐观的生活态度;勤劳笃行乐奉献,具有社会责任感,主动为他人服务。 |
| | B17.知识技能水平 | 48.积极参与课堂学习活动,了解有效的学习方法,养成良好的学习习惯,掌握适应未来生活和发展所需的学科基本知识、基本的生活和职业技能;积极参加体育活动,形成良好的锻炼习惯;具有健康向上的审美趣味,掌握适合的休闲娱乐方式;具有信息运用意识,能够在学习生活中有效使用辅助技术。 |
| | B18.社会适应能力 | 49.具备基本的自主生活能力,能够进行自我管理;积极参与家务劳动、班级劳动,掌握一定的劳动技能;具有安全意识和自我保护能力;能够根据自身情况合理表达需求,采用适合的方式进行社会交往;能管理自己的情绪和行为;基本适应家庭、学校和社区的生活。 |

## 附录11　浙江省特殊教育标准化学校评估细则(试行)

### 一、基本保障项目(1000分)

| 一级指标 | 二级指标 | 评估具体标准(三级指标) | 评估依据 |
|---|---|---|---|
| （一）场地保障（400分） | 1.学校位置（100分） | (1)学校选址符合相关要求;学校周边环境有利于学生学习、身心健康和安全;学校交通方便,周边基础设施、生活配套完善,方便学生参与社区生活实践。(100分)(全部达到的为达标,大部分达到的为基本达标,否则为不达标) | 文件1 |
| | 2.占地面积（100分） | (2)盲校、聋校和综合性学校:1—9个班不小于13542平方米,10—18个班不小于18966平方米,19—27个班不小于29379平方米;培智学校:1—9个班不小于12338平方米,10—18个班不小于17100平方米,19—27个班不小于25670平方米。(100分)(完全符合评估标准的要求为达标,达到相应标准指标70%以上的为基本达标,否则为不达标) | |
| | 3.建筑面积（100分） | (3)盲校、聋校和综合性学校:1—9个班不小于4150平方米,10—18个班不小于6558平方米,19—27个班不小于12357平方米;培智学校:1—9个班不小于3792平方米,10—18个班不小于6173平方米,19—27个班不小于11103平方米。(100分)(完全符合评估标准的要求为达标,达到相应标准指标70%及以上的为基本达标,否则为不达标) | |
| | 4.校园规划（60分） | (4)校舍建设紧凑集中、科学合理;校园教学区、活动区、生活区等区域明确、使用方便,传达室及围墙设置合理。(60分)(全部达到的为达标,大部分达到的为基本达标,否则为不达标) | |
| | 5.运动场地（40分） | (5)体育运动用地有保障,运动场设有环形跑道150米以上,直跑道60米以上。(40分)(完全符合的为达标,有一项指标符合的为基本达标,否则为不达标) | |

续表

| 一级指标 | 二级指标 | 评估具体标准(三级指标) | 评估依据 |
|---|---|---|---|
| （二）设施设备保障（300分） | 6.一般教学设施（100分） | (6)校内道路平整通畅,相关无障碍基础设施齐全,各类标识醒目,有完备的安全防护设施;校舍光线充足,通风良好,有完备的卫生、消防、供电、供水、排水、网络布线、电子监控等设施;聋生较多的学校设置有校园灾害广播系统,在报警系统上增设震动、闪动信号装置。(25分)(全部达到的为达标,大部分达到的为基本达标,否则为不达标) | 文件1 |
| | | (7)学校每个教学班均有面积40平方米以上、光线充足且教学设施设备齐全的独立教室;学校有计算机教室、网络控制室、校园局域网、特教资源库、多媒体教室等能满足学生上课及教学观摩需要。(25分)(全部达到的为达标,大部分达到的为基本达标,否则为不达标) | |
| | | (8)学校有美工教室、律动(唱游)教室、生活与劳动教室、劳技教室、实验室、仪器及准备室等专用教室,数量足够,面积达到相关规定,配套设施设备齐全,能满足教学需要;学校有1间可作全校性集会等使用的大型多功能活动室,并配置能进行相关活动的设施和设备。(25分)(全部达到的为达标,大部分达到的为基本达标,否则为不达标) | |
| | | (9)学校有图书阅览室,包括藏书室和阅览室,有条件的可以分设教师阅览室、学生阅览室及电子阅览室;学校有医务室(卫生室或保健室),面积不少于15平方米,设施设备齐全。(25分)(符合的为达标,否则为不达标) | |
| | 7.康复配套设施（80分） | (10)学校康复用房种类齐全,面积足够、数量充足,能够满足康复训练所需;学校体育康复、言语语言、感觉统合等评估和训练器材种类齐全、数量充足,能够满足康复训练所需。(80分)(全部达到的为达标,大部分达到的为基本达标,否则为不达标) | 文件2 |
| | 8.生活配套设施（70分） | (11)学校基础设施配套齐全,生活配套设施满足师生生活需要。(70分)(全部达到的为达标,大部分达到的为基本达标,否则为不达标) | 文件1 文件2 |
| | 9.卫星班建设（50分） | (12)已经在普通学校建有1个及以上卫星班并正常运行,有相关制度保障。(25分)(符合的为达标,否则为不达标) | 文件5 |
| | | (13)卫星班布点合理,卫星班有专门场地、设施设备能满足正常运行要求。(25分)(符合的为达标,否则为不达标) | |

| 一级<br>指标 | 二级指标 | 评估具体标准(三级指标) | 评估<br>依据 |
|---|---|---|---|
| （三）<br>经费<br>保障<br>（100分） | 10.经费<br>保障<br>（100分） | (14)义务教育阶段特殊教育学校生均公用经费应按当地普通同级学校生均公用经费的10倍以上拨付,并纳入义务教育经费保障体系;高中及以上特殊教育学校(院)生均公用经费按当地普通同级学校生均公用经费的5倍以上拨付;学校基础建设、维修、大型设备的添置等专项经费纳入财政预算。(60分)(全部达到的为达标,大部分达到的为基本达标,否则为不达标) | 文件3 |
| | | (15)本区域学生免费、补助政策落实到位;按规定接收流动人口残疾子女入学,待遇同等;积极通过多种渠道设立学生奖励金。(40分)(全部达到的为达标,大部分达到的为基本达标,否则为不达标) | |
| （四）<br>师资<br>保障<br>（200分） | 11.教师<br>配备<br>（80分） | (16)学校教师配备不低于"义务教育阶段特殊教育学校师生比为1∶3,学前和高中教育阶段师生比为1∶2.5"的标准;学校职工配备标准不低于"每30名学生配备1名食堂职工,寄宿制的特殊教育学校每20名学生配备1名生活管理员"的标准。(80分)(全面达到的为达标,缺编20%以内的为基本达标,否则为不达标) | 文件4 |
| | 12.教师<br>结构<br>（40分） | (17)学校应根据国家有关规定实行教师聘任制度,对教师和其他人员实行科学管理;教师队伍年龄、学历、学科结构合理;特殊教育、康复、医学等相关专业的教师比例不低于50%。(40分)(达到50%及以上比例的为达标,达到20%及以上比例的为基本达标,否则为不达标) | |
| | 13.教师<br>培养<br>（40分） | (18)学校有教师研修工作管理机制,教师研修有经费保障,每学期教师研修有计划、有总结、有台账;学校重视中青年教师专业发展,有学科带头人和骨干教师培养计划、措施。(40分)(全部达到的为达标,大部分达到的为基本达标,否则为不达标) | |
| | 14.教师<br>待遇<br>（40分） | (19)按有关规定签订聘用合同,并为聘用教职工缴纳社会保险和住房公积金,依法保障教职工的工资、福利待遇和疗休养活动,按国家、省、市文件规定按时足额发放特殊教育津贴和其他各项政策性补贴。(40分)(符合的为达标,否则为不达标) | 文件3 |

## 二、特色项目（100分）

| 一级指标 | 二级指标 | 评估具体标准（三级指标） | 评估依据 |
|---|---|---|---|
| （五）两头延伸（100分） | 15.向学前延伸（50分） | （20）特殊教育学校已经开办学前特教班或学前卫星班。（50分）（符合的为达标，否则为不达标） | 文件7 |
| | 16.向高中延伸（50分） | （21）特殊教育学校已经开办高中部或者已经通过卫星班等形式举办特殊教育职业高中班。（50分）（符合的为达标，否则为不达标） | 文件6 |

说明：

（一）本评估细则第一部分为基本保障项目，满分为1000分；第二部分为特色项目，满分为100分。

（二）每个子项目评估一般分达标、基本达标、不达标三类情况评定，按百分制分别赋分100分、60—80分、0分，再按权重折算成对应的分值。"大部分达到的"是指相应指标要求的三分之二及以上达到评估标准的要求。

（三）评估标准主要依据以下7个文件的有关基本标准、规程及要求：

文件1：《特殊教育学校建设标准》（建标〔2011〕156号）

文件2：《教育部关于发布〈义务教育阶段盲校教学与医疗康复仪器设备配备标准〉等三个教育行业标准的通知》（教基二〔2010〕2号）

文件3：《浙江省人民政府办公厅转发省教育厅等单位关于进一步加快特殊教育事业发展实施意见的通知》（浙政办发〔2010〕143号）

文件4：《浙江省教育厅办公室关于下发特殊教育（聋人、培智）学校教育教学规程的通知》（浙教办基〔2012〕172号）

文件5：《浙江省教育厅办公室关于加强特殊教育卫星班建设工作的指导意见》（浙教办基〔2017〕51号）

文件6：《浙江省教育厅关于加强残疾人高中段教育的指导意见》（浙教基〔2018〕21号）

文件7：《浙江省教育厅关于加强学前残疾儿童教育的指导意见》（浙教基〔2018〕110号）